Bernhard Seuffert

Wielands Abderiten

Bernhard Seuffert

Wielands Abderiten

ISBN/EAN: 9783743696099

Hergestellt in Europa, USA, Kanada, Australien, Japan

Cover: Foto ©ninafisch / pixelio.de

Weitere Bücher finden Sie auf **www.hansebooks.com**

DEM

ANDENKEN MEINES FREUNDES

HUGO WEGELE.

Es war ein schöner Herbsttag des Jahres 1773; Wieland
war allein in einem Hinterzimmer des obersten Stock-
werkes seiner Wohnung im Söllnerischen Freihause zu
Weimar und guckte vor langer Weile zum Fenster hinaus
in die Welt, obwol die Aussicht jämmerlich beschränkt
und in der That nichts Merkwürdiges zu sehen war. Es
war eine Stunde des Unmuths; denn schon seit vielen
Wochen hatte ihn sein Genius gänzlich verlassen. »Ich
konnte weder denken noch lesen, erzählt er uns; alle
meine Laune, alles Feuer meines Geistes schien erloschen;
ich war dumm, — aber ohne an den Seligkeiten der
Dummheit Antheil zu haben, ohne einen Gran von dieser
stolzen Zufriedenheit mit sich selbst, dieser unerschütter-
lichen Ueberzeugung, dass alles, was der Dummkopf
träumt und sagt, witzig, weise und in Marmor gegraben
zu werden würdig ist. . . . Kurz, ich fühlte meinen Zustand;
er lag schwer auf mir; ich schüttelte mich vergebens. . . .
Auf einmal war mir, als ob ich die Stimme eines Geistes
(— ater an albus?) hörte, die mir zurief: Setze dich, und
schreibe die Geschichte der Abderiten! — Und plötzlich
ward es leichter und heller in meinem Kopfe. Ja, ja,
dacht ich, die Abderiten! die Geschichte der Abderiten!
was kann auch natürlicher seyn? Die Geschichte der Abderiten will ich schreiben. — . . . Also sezt ich mich und
schrieb, und schlug nach, und compilierte, und ordnete
zusammen, und schrieb wieder; und es war eine Lust zu

sehen, wie mir das Werk von den Händen gieng«. Er
strengte alle Stränge seiner Einbildungskraft bis zum
reissen an, um die Abderiten so närrisch denken, reden
und sich aufführen zu lassen, als es nur möglich wäre.
Je närrischer er sie mache, dacht' er, je weniger habe er
zu besorgen, dass man einen Schlüssel zu den Abderiten
suchen und Anwendungen auf Leute, deren Dasein ihm
nicht einmal bekannt sei, machen werde[1].

An die Möglichkeit solcher Missverständnisse hat also
Wieland von vorn herein gedacht, und gleich der 'Vorbericht des Verfassers' zu der ersten Veröffentlichung des
Romans 'Die Abderiten. Eine sehr wahrscheinliche Geschichte' im Januarhefte des 'Teutschen Merkur' 1774 verwahrt sich gegen solche Deutungen. Es heisst da[2]:
»Sollte aber jemand auf die Gedanken kommen, dass diese
Abderiten wohl eine Art von Satyre auf kleine Republiken
seyn könnten: so lassen wir ihm unverhalten, dass es
wenigstens des Verfassers Meynung nicht gewesen, eine
Satyre zu schreiben«. Das Verfängliche einer Entschuldig-
ung, bevor ein Vorwurf verlautet ist, gab dem Verfasser
des 'Schreibens an Herrn Hofrath Wieland in Weimar
über die Abderiten im deutschen Merkur' das Recht zu
den Worten: »die Autorkoketterie, womit Sie in Ihrem
Vorberichte den Argwohn, dass Sie die kleinen Republiken
lächerlich machen wollen, abzulehnen suchen, hat . . . ihre
vollkommne Wirkung gethan«[3] d. h. man glaubte nun
gerade an satirische Absichten Wielands und machte be-
stimmte Anwendungen. Und Wieland fühlte die Berechtig-
ung dieses Vorhaltes so sehr, dass die neu umgearbeitete
Ausgabe des Romans in Buchform den Abschnitt nicht
enthält.

Wie steht es denn aber in Wahrheit mit dieser Sache?
Hören wir Wielands Plan! Als er die Nachrichten der
Alten zusammenstellte, da ergaben sich in der Geschichte
der Abderiten Lücken, dunkle Stellen, wirkliche und

scheinbare Widersprüche, bei deren Ausfüllung, Aufklärung, Hebung und Vereinigung er der Natur selbst
folgen wollte[4]. Hatte er doch Abderiten und Abderiten-
stückchen viele gesehn und erwandert[5]! Ich meine, diese
Worte verrathen deutlich, dass Wieland nicht gesonnen
war, Erlebtes, Vernommenes aus der Umgebung auf alle
Fälle zu vermeiden. Indess er liess zu Anfang des Romans
der Ueberlieferung die Oberhand. Der Vorbericht zählt
seine Gewährsmänner für die Geschichte von Abdera auf,
häufige Anmerkungen geben Einzelverweise bei. Wir
glauben dem vielbelesenen Dichter gerne, dass er alle
Stellen aus den Originalen zusammengetragen hat, obwol
er sie in Bayles Wörterbuch, wie er selbst sagt, bequemer
hätte finden können, wenn ihm zur rechten Zeit eingefallen
wäre, den Artikel daselbst nachzuschlagen[6]. Diese Vergesslichkeit war für ihn bedauerlich, und für uns ist sie
verwunderlich, da der junge Wieland der eifrigste Leser
von Bayles 'Dictionnaire' war[7]. Wie dem auch sein mag,
Wielands Kenntnisse von Abdera bewähren sich als sehr
reiche, wenn man sie mit K. F. Hermanns 'Versuch einer
urkundlichen Geschichte von Abdera'[8] vergleicht — so
weit es sich wenigstens um die Sagen der Stadt handelt;
mit dem historischen Abdera hatte ja der Dichter nichts
oder nur wenig zu schaffen.

Wieland trug kein Bedenken, in die Narrenstadt auch
wunderliche Ereignisse, welche alte Schriftsteller, z. B. Plinius,
von andern Orten berichten, zu verlegen. Doch nicht sowol diese Thätigkeit Wielands möchte ich hier beobachten als diejenigen Punkte ins Licht setzen, wo er, frei
von jeder Ueberlieferung, die Gegenwart in den Bereich
seines Romanes zieht. Und ich lasse mich nicht durch
seine Warnung beirren, der möge sich in Acht nehmen,
der die Geschichte der Abderiten als einen Reflexions-
spiegel brauchen wolle; sie sei wie alles andere Dichter-
werk eine Komposition von Wahrheit und Lüge[9]. Denn

ganz abgesehen davon, dass uns schon der Vorbericht die wahre Absicht des Dichters verrathen hat, hier, wo der satirische Charakter der Dichtung zu Ausfällen auf die Gegenwart herausfordert, eine Gelegenheit, der auch Tieck in seiner 'Schildbürgerchronik' nicht widerstanden hat, besteht um so mehr das Recht und die Pflicht zu einer solchen Untersuchung, als bei andern Dichtungen, deren Stoff der umgebenden Wirklichkeit ganz entrückt war, Wieland dennoch Berührungen mit seiner Zeit hergestellt hat. Ich rede nicht davon, dass er im Don Sylvio von Rosalva sich, in der Felicia Sophie La Roche gezeichnet, auch nicht davon, dass er im 'Agathon' seine eigene geistige Entwicklungsgeschichte niedergelegt hat: aber wenn die 4. Anmerkung zum 3. Buch des 'Don Sylvio' sagt, man würde das 5. Kapitel besser verstehen, wenn man bedenke, dass der Dichter zur Zeit der Abfassung des Romans in einer kleinen Republik gelebt habe, so heisst das, das Intriguenwesen des Kapitels sei nach Vorgängen in Biberach geschildert. Oder: Wieland legt dem Scherasmin im 'Oberon'[10] Worte zum Preise seiner Vaterstadt in den Mund, die auf Biberachs Lage Bezug haben[11]. In späteren Jahren erzählt Wieland von dem Gerüchte, er solle im Dionysius im 'Agathon'[12] den Herzog Karl von Württemberg geschildert haben, und fügt bei, in einigem könnten die Leute wol Recht haben, aber es sei doch nicht mit Bewusstsein geschehen[13]. Diesem halben Zugeständnisse reiht sich das offene an, dass das Ende des 3. Theiles des 'Goldenen Spiegels'[14] auf Joseph II. ziele[15].

Verwahrt sich aber gerade in dem letzten Punkte der Verfasser ein andermal ganz allgemein gegen alle Anwendungen, zu denen man diesen Roman missbraucht habe[16], wie viel mehr Grund zu solcher Verwahrung hat er da, wo er wie in den 'Abderiten' satirische Pfeile gespitzt hat? Ja wie wenig Glauben können wir den wiederholten Ablehnungen von Deutungen dieser Geschichte schenken,

wenn Wieland selbst einige Punkte angibt, an welchen
er die Wirklichkeit in seinen Roman hereingezogen hat?
Am 3. April 1795 erzählt er in Böttigers Beisein, es
komme auch (!) ein Augsburgisches Abderitenstückchen\
in dem Roman vor; dort seien in einem lichtleeren Raths-
saal einige vortreffliche Gemälde aller Beschauung ent-
nommen[17]. An der Stelle, auf welche diese Aeusserung
allein bezogen werden kann, wird jedoch nicht die un-
günstige Anordnung der Gemälde im Abderitischen Rath-
hause gerügt, sondern die zum Orte unpassenden Darstel-
lungen derselben. Offenbar liegt hier ein Gedächtnissfehler
des Erzählers oder ein Irrthum des Zuhörers Böttiger vor.
Denn der berühmte goldene Saal in Augsburg hat Licht genug, trägt jedoch an den Wänden die Abbildungen von zwölf
Frauen: Susanna, Esther, Perikles' Tochter am Spinnrocken,
die keusche Lucretia, Semiramis u. a. und zwischen den
Fenstern 24 unbekleidete Genien. So konnte Wieland
wol von der reizenden Augenweide sprechen, welche die
Väter der Stadt bei ihren Sitzungen genossen[18]. Ebenda
heisst es, der Fechtsaal zu Abdera sei mit lauter Schil-
dereien von Berathschlagungen ausgeziert gewesen, wo-
für der Dichter einen Beleg aus dem Alterthum bringt;
nicht weniger unpassend ist es, wenn auf dem Vorplatze
statt im Saale des Augsburger Rathhauses die Versamm-
lung der neun Archonten und eine Sitzung des Areopags
abgebildet ist, was vielleicht Wieland auch vorschwebte.

Am 26. Februar 1797 zeichnete Böttiger aus Wielands
Mund auf, die Nürnberger Brunnengeschichte sei das einzige (!) neue Faktum, das dieser in seinen Abderiten wirklich berührt habe[19]. Im Romane wird nämlich erzählt[20],
die Abderiten hätten einen kostbaren Brunnen wegen
Wassermangels nicht aufstellen können und hätten deshalb die ganze Gruppe des Neptun mit Seepferden und
Delphinen in ihr Zeughaus gebracht. Dass ein solcher
Brunnen im Nürnberger Zeughaus stand, bezeugt der

Marquis St. A . . . in seinen 'Wanderungen durch Deutschland'[11]. Ein Schriftchen aus dem Jahre 1830: 'Kurze Beschreibung des von dem Rothgiesser und Verleger Johann Siegm. Ries, im Kleinen gefertigten sogenannten schönen Brunnens, welcher ehemals in dem zum Bauamte gehörigen Magazin-Gebäude in der Peunt zu Nürnberg zu sehen war' gibt in Bild und Wort eine Schilderung des in den 1790er Jahren an den Kaiser von Russland verkauften Brunnens mit Erzguss-Figuren, die mit der von [1]Wieland entworfenen Beschreibung des Abderitenbrunnens zusammenstimmt.

Damit aber der Dichter seine Versicherung, er habe nie im Sinne gehabt, in seinem Roman ›einzelne Orte oder Personen weder zu conterfeyen, noch Caricaturen zu machen[22]‹, auch in Bezug auf die persönliche Satire widerlege, erzählt er selbst Böttiger im Hinblick auf die 'Abderiten' am 3. Februar 1796: ›Ich habe eigentlich nur Eine Person in meinem Leben gemeint, das ist die Gräfin Schall, Tochter des Grafen Stadion, gegen die ich eine grosse Wuth hatte und die ich als Juno figuriren lasse[23]‹. Es scheint demnach, dass Wieland von dieser ältesten und dem Vater liebsten Tochter Maria Anna sich ebenso abgestossen fühlte, als ihn die jüngste Marie Maximiliane Esther, deren Züge er seiner Musarion lieh[24], anzog.

So hat Wieland nach mehr als zwanzig Jahren verrathen, was er zur Zeit der Veröffentlichung des Romanes standhaft leugnete, weil er damals noch die Folgen erwachsenden Hasses fürchten musste. Ich sehe keinen Grund, warum das späte Geständniss nicht eben so viel Glauben verdienen sollte als die frühere allgemeine Abwehr, die noch dazu viel zu sehr in des Dichters Interesse lag, um für unbedingt aufrichtig gelten zu können. Auch auf die Treue des allerdings klatschhaften Böttiger darf kein Verdacht fallen, da ja die beiden ersten Aufzeichnungen sich bestätigen, die dritte nur durch die Unbekanntheit der Gräfin in Schwebe bleibt. Unsere Aufgabe nun ist es, den Schleier noch weiter zu lüften, als es der Verfasser gethan hat.

Bei demjenigen Theile des Romans, der im Januar-, Februar- und Maiheft des 'Teutschen Merkur' vom Jahre 1774 erschien, hielt sich Wieland weitaus überwiegend an alte Quellen. Nur gerade die drei eingestandenen Punkte kommen darin zur Sprache,[*] und noch manche Einzelheit unterliegt dem Verdachte, Kopie zu sein; nur vermag ich eben nicht das Original nachzuweisen, da Vorbilder wie der Nürnberger Brunnen oder der Augsburger Rathhaussaal zufälliger Kenntniss überlassen bleiben. Auf éines jedoch vor allem möchte ich hinweisen. Als Wieland bei seiner Geschichte zur Person des Demokritus kam, von ihm erzählen musste, wie er Jahre lang im Auslande seinen Geist gebildet hatte, wie er zurückgekehrt von den Abderiten nicht verstanden wurde, da mochte er seines eigenen Lebensganges gedenken. In der Schweiz hatte er sich Bildung erworben, nach Biberach zurückgekommen fand er sich unglücklich unter seinen Landsleuten, wie die Briefe[1] aus jener Zeit fast auf jedem Blatte erweisen. Da blitzte in ihm der Gedanke auf, Demokrit in ähnliche Zustände zu versetzen, wie die waren, in denen er selbst leben musste.[7] Fühlte er sich doch als Kosmopolit unter den beschränkten Reichsstädtern, und als solcher erscheint auch Demokrit in Abdera[15], auf welche Uebereinstimmung schon Hoffmann in seinem 'Leben Wielands'[16] hingewiesen hat. Wie man Wielands Vater gezwungen hatte, seinen Sohn als Wahlkandidaten für ein Amt in Biberach aufzustellen[17], so zweifeln die Abderiten gar nicht daran, dass Demokrit sich um ihre Ehrenämter bewerben werde[18]. Wie die Biberacher sich eifrigst bemühten, Wieland mit einer Tochter aus ihrer Stadt zu verehelichen, wogegen der Dichter sich lebhaft sträubte[19], so wird Demokrit von seinen Landsleuten zur Heirath einer Abderitin gedrängt und

weist die Zumuthung ab[30]. Das kleine Gut in schöner
Lage nahe bei Abdera, auf das sich Demokrit, um Ruhe
zu seinen Studien zu haben, zurückzieht[31], entspricht Wielands Gartenhaus an der Riss vor den Mauern Biberachs,
seinem Tusculum, in dem er den Musen huldigte[32]. Und
auch in den Beziehungen, in denen Demokrit zu Raths-
herrn und Frauen steht, findet man individuelle Züge, die
auf Vorbilder in Wielands Nähe schliessen lassen. So
will Ofterdinger[33] in der schönen Gulleru, von der Demokrit so geheimnissvoll spricht[34], die Sängerin Bibi, die
aus der Fremde kommend des Poeten vereinsamtes Herz
gefangen nimmt, wiedererkennen. Doch möge man sich
wol hüten, alle Lebensverhältnisse Demokrits auf die
Wielands zurückzuführen; wenn es z. B. heisst, Demokrit
sei während seiner Abwesenheit um die Hälfte seines
Vermögens betrogen worden[35], während der Philosoph
in Wahrheit auf seinen Reisen den grössten Theil
seines Vermögens selbst verausgabt hat[36], so kommt
doch dieses Ereigniss nicht in Wielands Leben vor, sondern ist vom Dichter wol von Demosthenes für seinen
Helden entlehnt.

Aber von der Person liess Wieland, einmal angeregt
zum Vergleiche, seine satirische Laune zur Umgebung
schweifen. Das musikalische Biberach[37] erweckt die gleiche
Kunstpflege in Abdera[38]; die Schauspieler auf dem Theater Abderas sind ebenso wie die zu Biberach zumeist
Bürger der Stadt[39]. Wollte man jedoch das, was Wieland
hier über die Abderitischen Schauspiele sagt[40], auf eine be-
stimmte Litteraturgattung beziehen, in dem Hyperbolus
zu Abdera einen einzelnen Dichter wiedererkennen, so
würde man sicherlich ganz irre gehen. Denn so gewiss
die poetische Doktrin, welche der Verfasser des Romans
dem Demokrit in den Mund legt, von ganz allgemeiner
Gültigkeit ist und keine satirische Spitze birgt, ebenso
gewiss ist die Abderitische Schaubühne, auf der man vor

allem rührende Stücke zu sehen wünscht, durchaus ohne
einen direkten Bezug geschildert. Man darf also nicht in
Hyperbolus einen Dichter der Genieperiode sehen, man
darf nicht bei dem Sinngedicht, das Hyperbolus auf Demokrit verfertigt, und dessen Wirkung Demokrit durch
die Komposition einer Melodie zum Gedichte die Spitze
abbricht, etwa an Goethes 'Götter Helden und Wieland'
denken und an die äusserst geschickte Anzeige dieser
Farce durch den Angegriffenen. Denn als Wieland diesen
Theil der 'Abderiten' schrieb, da gab es ausser 'Götz' noch
kein Werk des Sturmes und Dranges, da war Goethes
Satire dem Drucke noch nicht übergeben.

Der im Maihefte des 'Merkur' enthaltene Abschnitt
entbehrt jeder erkennbaren Anspielung, wenn man nicht
etwa in der Sitzung des Rathes zu Abdera am Ende des
Kapitels eine Abbildung von Sitzungen der Biberacher
Senatoren sehen darf. Der Schluss lässt den Plan der
Fortsetzung durchblicken: die Rathsherren freuen sich auf
die Aufführung der Andromeda, die für den Abend angesetzt war[11]; es sollte also die quellenmässige Erzählung
von dem Eindrucke, den dieses Drama des Euripides auf
die Abderiten machte, folgen. Und dann scheint die Phrase:
»wie ein Mauleseltreiber den täglichen Verdienst seines Esels
einzieht[12]« schon auf die 'Onoskiamachie' zu zielen, welche
Wieland aus der Geschichte der Republik Megara genommen zu haben behauptet[13]. Die beiden Theile sollen
ja nach dem Programm, das der Verfasser im ersten Kapitel des zweiten Theiles seines Romans im Juli 1774
gibt[14], zunächst sich anreihen, und die Emigration der Abderiten nach der alten Sage als letzter Theil das Ganze
beschliessen.

Ausser diesem Programm enthält das im Julihefte
seiner Monatsschrift von Wieland veröffentlichte Kapitel
nur die ausserordentlich witzige Verwahrung gegen die
von vielen Seiten eingelaufenen Vorwürfe, er habe Lokal-

und Personalsatire seinem Roman untergeschoben. In der That hatte der Roman den grössten Beifall gefunden, so dass der Buchhändler Carl Ludolf Hoffmann in Weimar den Verfasser dringend um die Erlaubniss anging, die im 'Merkur' gedruckten Theile in Buchform veröffentlichen zu dürfen. So erschien 1776 ein genauer Abdruck, der sogar das erste Kapitel des zweiten Theiles enthält; Herr Hofrath Wieland wird auf dem Titel als Verfasser genannt. Und sofort wurde ein Nachdruck besorgt[15].

An die Ausarbeitung der versprochenen drei Theile ging Wieland lange nicht. Als er endlich nach vier Jahren die Fortsetzung begann, da war es wol am Platze, dass er sich 'An den Leser' mit der Begründung seines langen Schweigens wendete. Es hätte ihm nicht an Mahnungen gefehlt, aber er hätte gefürchtet, die Leser könnten des einen Tones überdrüssig werden. Dass damit gesagt ist, der Verfasser war der Sache überdrüssig, erhellt aus dem zweiten Grund, den Wieland als Ursache der langen Pause anführt: Tu nihil invita dices faciesve Minerva. Und drittens habe er gewünscht, die Leser möchten erst den offenen Abderitischen Brief eines Bürgermeisters von irgend einem Neu-Abdera beherzigen und verdauen[16].

Diese Worte beziehen sich auf das 'Schreiben an Herrn Hofrath Wieland in Weimar über die Abderiten im deutschen Merkur', das im Februarhefte des 'Deutschen Museum' 1776[17] erschienen und '***** in Schwaben. Okt. 1775.** Burgermeister zu ****' unterzeichnet ist. Der Herausgeber des 'Museum', Boie, stand gerade damals mit Wieland nicht allzu gut, wodurch die Aufnahme des Artikels möglich wurde. Der Verfasser ist J. G. Schlosser, in jener Zeit ein eifriger Mitarbeiter an Boies Zeitschrift[18]. Die äusseren Umstände des Schreibers sind fingirt und zum Theil so wunderlich, dass Zweifel aufsteigen, ob Schlosser im Ernst oder Scherz redet. Doch die warme, predigende Ausdrucksweise, noch mehr die Uebereinstim-

mung von Schlossers anderwärts geäusserten Ansichten
mit den hier vorgetragenen beweisen mit Sicherheit, dass
ernstgemeinter Widerspruch vorliegt. Schlosser ist ein
Feind des Kosmopolitismus, ist ein Vertheidiger der Zünfte
wie der Verfasser des 'Schreibens'[49]. Und wir können sehr
wol seinen Aerger über die 'Abderiten' begreifen, wenn wir
in seinem Aufsatz 'Ueber die Büchercensur und Publicität'
lesen, die Censur solle alles unterdrücken, »was nach Anec-
dotenjägerei und Pasquille schmeckt, ferner was gegen die
Regenten, die Gesetze, die bürgerlichen Anstalten, die Ge-
richte und die Verwaltung des Staates und der Rechte ins
Publikum geschrieben wird«. Wieland ward über dieses
Schreiben nicht wenig erbost; er wendete sich an Merck am
25. März 1776: »Im 2 ten Stück des deutschen Museum ist ein
dummer impertinenter Brief eines Bürgermeisters an mich,
über die Abderiten. Lesen Sie ihn doch, wenns noch nicht
geschehen ist, und fragen Sie Ihr Herz, ob es Ihnen nicht
eingiebt, dem Kerl eine kleine Antwort zu geben, wie er
sie verdient. Ich glaube, Sie thäten ein gut Werk daran[50]«.
Merck scheint das nicht für nöthig gehalten und seinen
Freund überzeugt zu haben, dass »es ungereimt gewesen
wäre, uns über diese Dinge mit Sr. Abderitischen Herr-
lichkeit in öffentliche Korrespondenz zu setzen[51]«.

Trotz dieser Herausforderung Schlossers — oder weil
ihm dadurch die Freude an dem Roman vollends verdorben war? — ging Wieland nicht vor 1778 an die Fortsetzung. Und als sie erscheint, da bringt sie zunächst gar
nicht die versprochene Geschichte, die sich an die Andro-
medaaufführung anknüpft. Man merkt, Wieland hat das
Programm etwas verschoben. Einmal bittet er im Vorworte, man möge das vom zweiten Theil der 'Abderiten'
im Julihefte des 'Merkur' 1774 veröffentliche Kapitel als
nicht geschrieben betrachten. Dann bringt er eine Beschreibung des Theaters zu Abdera, obwol er dasselbe schon
im siebenten Kapitel des ersten Theiles charakterisiert hat.

Aber wie? das ist ja eine andere Bühne! das ist ja nun
ein Nationaltheater in Abdera, während das frühere schlechthin Theater hiess! Und der Dichter, der früher lediglich
Hyperbolus genannt wurde, der heisst jetzt eigentlich
Hegesias; Hyperbolus ist nur sein Beiname. Wie aber
kam Wieland zu diesen Aenderungen? die mussten eine
äussere Veranlassung haben. Diese Veranlassung war: er
hatte inzwischen Abderitenstreiche selbst erlebt. Und das
war auch der Grund, warum nun doch der Roman noch
fortgesetzt wurde, was ohne diesen Zwischenfall kaum zu
erwarten war. Wenn wir nun Wieland kurz vor der
Wiederaufnahme der Geschichte in Mannheim treffen,
wenn wir ihn in naher Beziehung zum Nationaltheater daselbst finden, so werden wir hier auch den Schlüssel zur
Dichtung suchen müssen.

Im Jahre 1776 erhielt Wieland als Dichter der viel
bewunderten Oper 'Alceste' den Antrag, eine Oper für
die Mannheimer Bühne zu liefern. Er ging darauf ein,
suchte sich aus Addisons 'Spectator' den Stoff Rosamunde;
gerade diese Geschichte, welche Addison in einer Oper
bearbeitet hatte, als Vorwurf zu wählen, mochte ihn auch
die im Märzheft 1776 der 'Iris' veröffentlichte lange Dichtung
'Rosamunde' von K[lamer] E[berhard] K[arl] S[chmidt]⁵²
veranlasst haben. Am 24. August 1776 arbeitet er schon
an der Ausführung und hofft, durch des Gothaischen Hof-
kapellmeisters Schweizer Komposition, welche auch die
'Alceste' berühmt gemacht hatte, solle die neue Oper ein
gewaltiges Opus werden⁵³. Aber die Dichtung wird ihm
lästig. Er schreibt 22. Januar 1777 an F. H. Jacobi:
»Such ihm [Hompesch, pfälz. Finanzminister, der die Verhandlungen betreffs der Oper führte⁵⁴] nur mit guter Art
nach und nach die Rosamunde ausm Kopf zu bringen.
Denn es kann, soll und muss nichts draus werden —
aus vielen, sehr erheblichen Ursachen⁵⁵«. Ich vermag dieselben nicht anzugeben, zumal Wieland am 13. des gleichen

Monats mit offenbarer Rücksicht auf die 'Rosamunde' an
Merck geschrieben hatte, er wolle von der Anzeige der mon-
strösen Oper 'Günther von Schwarzburg' von Klein im 'Merkur' absehen, da die Mannheimer es für Neid aufnehmen
möchten, und er mit Schwan ›menagemens‹ zu beobachten
habe ⁸⁸. Hompesch verzichtete offenbar nicht. So konnte Wieland am 4. April an Merck schreiben, das ganze Opus sei
ein Werk des schrecklichsten Dranges von aussen. ›Ich
musste, fährt er fort; denn ich hatte mir in einem Anfall
von bonhommie ein Wort entfallen lassen, das man für
Versprechen nahm. Sagen ich will nicht, gieng nicht an:
sagen, ich kann nicht, noch weniger. Ich raffte mich also
zusammen — wurde warm — fermentirte — und so gieng's
dann weiter, von Punct zu Punct, wie Sie wissen, dass es
nach dem ordentlichen Lauff der Natur zu gehen pflegt,
wenn ein Kind des Geistes gebohren werden soll, das
Lebenskraft in sich habe. Nun ist's vorbey — und Gott
helf' uns weiter‹, fügt er bei. Er war seit fünf Wochen
in poetischen Geburtswehen gelegen; was dadurch zur
Welt geboren worden, das werde Merck, wenn er Lust
habe, den künftigen Karlstag ⁵⁷ zu Mannheim auf dem
grossen Operntheater sehen, und er werde finden, schmei-
chelte sich der Verfasser väterlich, dass es ein gesundes,
wolgestaltetes Kind sei; wenn der Komponist und die
Acteurs ihr Theil beitrügen, so müsse das Ding einen
Effekt machen wie noch keine Oper ⁵⁸. Diesen Brief an
Merck scheint Wieland rasch vergessen zu haben; denn
er schreibt am 16. des gleichen Monats an denselben:
›Verzeihen Sie's [das Vernachlässigen im März] mir um
der heiligen Rosemunde willen, aus der ich, si diis placet,
ein sehr erbauliches Singspiel, aliâs Oper genannt, für Se.
Kurfürstl. Durchl. zu Mannheim fabrizirt habe ⁵⁹‹. Der
Hauptinhalt dieses Briefes beschäftigt sich mit der Ant-
wort auf Mercks Ermahnung, Wieland solle von dem
günstigen Wind, der ihn dem Neckar zublase, zu profitie-

ren suchen. Offenbar wollte man Wieland jetzt, nachdem der gleiche Versuch mit Lessing gescheitert war, nach Mannheim ziehen. Aber Wieland war vorsichtig; er meint: ›Ich weiss überhaupt noch nicht viel davon, wie weit der gute Wille für mich in M. sich erstreckt, wiewohl ich von Hompeschen mir alles Mögliche versprechen kann. Gesetzt aber auch, man wünschte mich zu haben, unter welcher specie und quo titulo könnt' ich da seyn? Und welche zeitlichen Vortheile könnten die Musse, Ruhe, Freiheit, Unabhängigkeit, Achtung, Affection etc., die ich hier [in Weimar] geniesse, aufwiegen? ... Wär' es nicht unweislich an [lies: von] mir, wenn ich, so sicher als ich hier in meiner glücklichen Obscurität bin (qui bene latuit etc.) mich in das mare infidum von M. stürzen wollte, wo, wann sich ein paar Augen geschlossen haben werden, ungleich mehr zu risquiren ist [der Kurfürst von der Pfalz hatte keinen Erben], als hier ... Wär' ich klug, wenn ich meine selige Ungebundenheit ... gegen die Sklaverei, gegen den schweren Dienst der Eitelkeit zu M. vertauschte? ... Au contraire ich bin dato allbereits auf dem Wege, mich mit der Kurpfalz pour toujours zu brouilliren. Und rathen Sie mal warum? Gibt es nicht Sünden, die ein Poëta weder in dieser, noch in jener Welt verzeihen kann? Nun stellen Sie sich mal vor, dass mich das Volk plagt und bägert, ihnen eine Oper zu machen, und wie ich fertig bin, so kommt heraus, dass sie ihrer besten Actrice ... Urlaub auf ein Jahr gegeben haben ... und dass sie nun keine Rosemunde haben, und dass mein Stücklein, das, vermittelst der holden Nymphe Danzy den allergewaltigsten Effect hätte machen sollen, können und müssen, nun aus Mangel einer Actrice, die wie eine Rosemunde aussieht, und wie eine Rosemunde singt, vor die Hunde gehen wird. Und ich sollte nicht toll darüber seyn, und sollte mit solchem Volke mehr was zu schaffen haben wollen? Auf ewig also gehabt euch wohl,

ihr Ufer meines vaterländischen Neckars! —. Ich werde
mich hier an den schattigen Rand der kleinen rieselnden
Lotte hinsetzen ... und ... aus dieser nämlichen Lotte ein
seliges Vergessen aller Opern, und Opernymphen und
Orchester und Höfe und Abderiten in der Welt trinken —«.
Hier also wird zum ersten Male der Name Abderiten auf
die Mannheimer angewandt! Der Verdruss über die ganze
Verbindung mit Mannheim wurde noch durch einen ande-
ren unerwarteten Schlag gesteigert.

F. H. Jacobi, dem Wieland am 25. April 1777 seine
Oper ebenso wie zuvor Merck gegenüber als kein Werk
der Liebe, sondern der Noth und des Dranges dargestellt
hatte, ohne jedoch zu verhehlen, dass er sich einen glänzen-
den Erfolg versprach, zumal er mit Hompesch unendlich zufrieden war, tadelte am 4. Mai brieflich die Oper durchaus und theilte dem Dichter mit, dass auch Hompesch
mit den zwei letzten Aufzügen nicht zufrieden sei und
eine Umarbeitung wünsche. Der Verfasser war darüber
höchst erstaunt; er war mit seiner Oper ausnehmend zufrieden und traute Jacobis Urtheil so wenig, dass er auch
Goethes Votum einholte, das freilich nicht günstiger lautete.
Und als Jacobi ihm Hompesch' Brief sandte, da musste
er zugestehen, dass alles, was dieser über die 'Rosemunde'
schrieb, wahr sei[60]. Wieland war ganz zerschmettert; nichts
war ihm nun gewisser, als dass er für das Dramatische gar
keinen Sinn habe; er sah nun hinterdrein alles, was sie
wollten, und mehr dazu[61]. Zwei Tage nach diesem Einge-
ständnisse gegen Jacobi, am 26. Mai, äussert er sich in
gleichem Sinne gegen Merck: »Vor Mannheim behüte mich
der Himmel. Meine Rosemunde ist (Ihnen ins Ohr gesagt)
ein dummes Ding, das weder gedruckt, noch anderswo
als etwan in Gotha oder Weimar aufgeführt werden
kan und darf. Nach dieser lezten misslungnen Probe
erkenne und bekenne ich vor Gott und Menschen, dass
ich weder Sinn, noch Talent für dramatische Composition

habe, und soll mich dieser und jener etc. wenn ich mich
wieder verführen lasse, eine Oper zu schreiben. Man
schreibt seine Schande daran . . . Ich werde Noth haben,
von Mannheim mit leidlichem Anstand loss zukommen:
aber es muss doch gehen; und hab ich nur erst den
Kopf aus der Schlinge, so sollen sie mich nicht wieder
kriegen. Diesmal hat mich bloss und allein wieder meine
verwünschte bonhomie in den Dr. geführt. Pro futuro
mögen sie sich an Mahler Müller und den Exjesuiten
Klein halten, und mich ungehudelt lassen⁶¹«. In Erwiede-
rung dieses Briefes schreibt ihm Jacobi am 8. Juni: ›Das
Dringen der Mannheimer, die durchaus die Rosemunde
haben wollen, [wird] Dich noch missvergnügter machen.
. . . Hompesch hat mir von neuem geschrieben, Rosamunde
müsste geliefert werden. Ich habe ihm sogleich geant-
wortet und mein Bestes gethan, um ihn davon abzubrin-
gen; aber da, wie er mir schreibt, man ihm eher eine
Missrechnung von 100,000 Gulden verzeihen würde, als die
neue deutsche Oper nicht zu liefern, so fürchte ich, mein
Predigen wird vergeblich seyn⁶²«. Das Loskommen sollte
wirklich nicht gelingen. Schon am 4. Juni berichtete Wieland an Jacobi, Hompesch habe ihm geschrieben und die
Einsendung des Stückes sehr urgiert; er habe alle An-
muthung dazu verloren, und es sei ihm sehr verdriesslich,
davon reden zu sollen, und noch verdriesslicher, dass er in
der entschiedensten Unmöglichkeit sei, es ganz fallen zu
lassen; hoffentlich werde sich Hompesch mit dem neuge-
wählten Schlusse wieder aussöhnen⁶³«. Denn Wieland hatte
sich zur Umarbeitung entschliessen müssen. In diese Zeit,
Ende Juni oder Anfang Juli und nicht, wie Wagner thut, in
den Februar 1777 ist der undatierte Brief an Merck zu setzen,
worin er sagt, er sei wegen der verdammten Oper 'Rose-
mund', die halb zu gut und halb zu schlecht sei, um das
Tageslicht zu sehen, und die er doch am Ende nolens
volens werde geben müssen, so geschunden und schach-

matt, dass er oft den Tag, die Stunde und den Augen-
blick verwünsche, wo er je für seine Sünden auf den Ein-
fall gekommen, sich in ein Fach einzulassen, wovon er
nichts_verstehe, und wofür er, wie es scheine und wie die |
Meister der Kunst sagten, gar keinen Sinn habe[65]. Am
30. Juli kann der Dichter seinem Freunde Merck mitthei-
len, dass er 'Rosamunde' nun vom Halse habe; er denke,
sie sei nun so ziemlich, was eine Mannheimische Oper
sein solle[66]. Dieser Beisatz, den er am 11. August in
einem Briefe an Gleim wiederholt, hat offenbar einen ver-
ächtlichen Beigeschmack. Doch denkt Wieland nun wieder, Ehre und Freude an seiner Dichtung zu erleben[67].

Die zuversichtliche Stimmung und der Eindruck der
vergnügten Briefe, die ihm Schweizer von Mannheim aus
gesandt hatte, wie er ebenfalls an Gleim schreibt, führen
Wieland zu dem Entschluss, den er Merck am 22. September verkündet, zur Aufführung_nach Mannheim zu
reisen. Es werde ihm da besser gehen als dem_Freunde |
Lessing, der im Januar 1777 in die pfälzische Residenz |
gerufen worden war, um das dort geplante Nationaltheater
einzurichten. Die Beschränktheit der Verhältnisse und das
zweideutige Benehmen der massgebenden Personen hinderte
die Ausführung und erregte den heftigsten Aerger Lessings.
Wieland wie gesagt erwartete kein gleiches Geschick; er
habe sich in allen Zeiten mit allen Arten von Menschen, |
Thieren und Geziefern ganz gut vertragen können[68]. |

In der Korrespondenz Wielands ist von da ab wiederholt von der Reise die Rede. Er freut sich, auf dem
Wege in die Pfalz Goethes Mutter kennen zu lernen[69],
freut sich auf das Zusammensein mit Sophie_La Roche
und F. H. Jacobi, die beide nach Mannheim zu kommen
versprachen[70]. Er freut sich auf Mannheim, wie seine
Kinder sich auf den h. Christ freuen, und erwartet von
Schweizers Komposition den grössten Erfolg, obwol er
gegen Jacobi auch jetzt die schwache Seite seiner Oper

nicht leugnen kann. Hatte doch eine Erklärung von Seite Hompesch' die letzten Bedenken der Reise (wol betreffs einer Reiseentschädigung) gehoben, so dass man sich auch über den Aerger des voraussichtlich schlechten Spieles der Sänger und Sängerinnen hinwegsetzen konnte [71]. Noch einmal aber wird Wieland schwankend, weil er von Mannheim seit vielen Wochen — er schreibt dies am 8. November an Merck — kein Lebenszeichen erhalten habe; ihm ist zuweilen, als solle er nicht hingehen, und dann denkt er an das Zusammentreffen mit den genannten Freundinnen und dem Freunde, denkt, wie das berühmte Mannheimer Orchester Schweizers Musik zu seinem Operntexte so herrlich vortragen müsse, und da ists ihm wieder, als müsse er gehen. ›Immer aber bleibt der Hauptpunct: ne quid res publica sowohl als privata (besonders die cassa) detrimenti capiat![72]‹ Darüber also blieben feste Zusagen von der Residenz aus. Aber es siegt das Bedürfniss, sich einmal im Leben recht an Musik zu ersättigen, und die Reise nach Mannheim sei die beste Gelegenheit dazu, wie er am 24. November schreibt [73]. Vom Hofe solle so wenig wie möglich Notiz genommen werden. Warum er diesem gram ist, ergeben die nächsten Worte: der Beutel würde es freilich empfinden, aber das Zusammentreffen mit Merck, Frau Rath, Jacobi und Frau, der La Roche und Max Brentano sei fünfzig Karolin werth. Und so ist denn am 1. December die Abreise auf den 13. bestimmt; die Christmette will Wieland nach einem Aufenthalte in Frankfurt in der Hofkirche zu Mannheim anhören [74]. Das gleiche berichtet er an Frau Aya [75] und an Sophie La Roche [76]. Ihre Zusammenkunft in Mannheim aus Gelegenheit einer deutschen Oper von seiner und Schweizers Façon, auf dem kurfürstlichen Operntheater unter der Direktion eines Italieners aufgeführt, ist ihm noch immer wie ein Feenmärchen. Das Jahr 1777 könne gar nicht glücklicher schliessen. Für den 7. Januar 1778 ward die Aufführung zuerst angesetzt [77]. So sollte denn das Ziel nach vielen Widerwärtigkeiten, stets neuen Schwankungen endlich erreicht werden. Nach einem höchst glücklichen Aufenthalt in der Casa santa, dessen Gedächtniss Wieland 1778 feiert[78], kam er am 21. December in Mannheim an. Aber wunderlicher Weise setzt sich der rasche Wechsel zwischen Vergnügen und Verdruss fort; die Briefe, die Wieland von Mannheim aus schreibt, spiegeln die verschiedensten Stimmungen ab, und wiederholt liegen ihre Daten so nahe beisammen, dass man keine andere Erklärung findet, als der Absender habe sich je nach dem Adressaten mehr oder weniger vertraulich geäussert. Hören wir ihn selbst! Wieland schreibt:

23. December 1777 an Frau Rath[79]: ›Welch ein Fall, liebe Mutter! aus Ihrem Hause in die Grundsuppe des grossen Froschgrabens von Abdera! Reden wir nicht davon. Wir wollen sehen wie wir uns mit Ehren wieder herausziehen. Sobald ichs nicht länger aushalten kann, eile ich zu Ihnen zurück. Die famose Oper . . . soll nun, dem Vernehmen nach erst den 13ten oder 14ten gegeben werden — Ueber das Volk! — Ich sehe voraus, dass ich hier in immerwährender Wuth seyn werde, und meine Freunde können also wegen meiner Bonhommie ganz ruhig sein[80]‹.

24. December an Sophie La Roche[81]: ›Ich bin nun seit drey Tagen in Mannheim, und bis itzt um so lieber da, weil das Ganze mit allen seinen Theilen eine Art Neuheit für mich hat, und gleichwohl 3 bis 4 Wochen hinlänglich scheinen, damit fertig zu werden‹. Dann rühmt er die Sängerin Wendling aufs äusserste.

26. December an dieselbe[82]: ›Mein hiesiger Aufenthalt wird immer interessanter. Der Kurfürst hat mich mit seiner ihm eigenen Leutseligkeit empfangen. Man empressirt sich mich zu haben, und jeder Tag ist mit etwas bezeichnet, das mir die Wiedererinnerung desselben angenehm macht. Sie können sich all dies besser vorstellen,

als ich's Ihnen sagen kann, denn in der That weiss ich nicht, wo ich Zeit zum Briefschreiben hernehmen soll. Mit Rosamund wird's allem Anschein nach sehr gut gehen, wenn uns nur die Krankheit des Kurfürsten von Bayern die Freude nicht zernichtet. Diese Ungewissheit ist das einzige, was einen Schatten auf meine Zufriedenheit wirft«.

Dieser Gegensatz gegen den Brief an Goethes Mutter erregt doppeltes Erstaunen, weil Wieland doch gerade der La Roche gegenüber Grund zur Misstimmung hatte, da sie so wenig wie F. H. Jacobi nach Mannheim kam[83]. Der freundliche Empfang des Kurfürsten allerdings durfte besonders hoch angeschlagen werden, da die Wahl des Themas der Oper in Mannheim grosse Verwunderung hervorgerufen hatte; man legte eine Beziehung auf die vielen Rosamunden hinein, die der Kurfürst hatte; dieser aber machte sich nichts daraus, zumal Wieland eine befriedigende Erklärung abgab[84]. Lesen wir weiter in den Briefen!

27. December an Merck[85]: »Ich kann Euch izt noch nichts Weiteres sagen, als dass ich mich zu Seel und Leib wohl befinde, und eben dadurch, dass ich keine andere Rolle spiele, als meine eigene, meine Sachen, wie mich däucht, und wie es wenigstens scheint, recht gut mache. Vierzehn Tage, längstens 3 Wochen, wird's herrlich gehen, und mehr verlangen wir ja nicht. Eure Weissagungen oder Ahnungen von dem Eindruck, den meine Epiphania unter diesen Menschenkindern machen werde, scheinen völlig in Erfüllung zu gehen. Bis izt habe ich mich gut gehalten: Gott gebe nur, dass mir nicht zu wohl unter diesem Volke werde! Doch dafür ist auch gesorgt. — Kurz, wenn uns die Krankheit des Kurfürsten von Bayern keinen schlimmen Streich spielt, so werd' ich, allem Ansehn nach, viel Ehre und Freude an Mannheim erleben. Die erste Repraesentation der Rosamund ist (Gottes Gewalt vorbehalten!) auf den 11. Jänner angesetzt, und meine Abreise auf den 16. längstens«.

Man hört den geringschätzigen Ton durch, mit dem er von »diesem Volk« spricht.

5. Januar 1778 an Staatsrath Freiherrn von Gebler in Wien[66]: »Dem hiesigen Publiko und mir selbst hat der Tod Maximilian Josephs einen grossen Spass verdorben.\ Meine vom Herrn Schweizer ganz vortrefflich gesetzte Oper: Rosamunde sollte den 11ten dieses[67] zum erstenmale gegeben werden, und das Karnaval durch achtmal wiederholt werden. Alle Anscheinungen versprachen mir einen so grossen Success, als vielleicht jemals ein Singspiel gehabt hat, als der Tod des Churfürsten von Bayern auf einmal eine Veränderung des Schauplatzes hervorbrachte, deren lugubre Dekorationen die meinigen verdrängen mussten. Ich reise nun, übrigens mit meinem hiesigen Aufenthalt höchst vergnügt, den 5ten dieses [wol 15.[68]] wieder nach meinem lieben Weimar. Ich habe hier viel Merkwürdiges gesehen, und gehört, und besonders unter den Tonkünstlern und Mahlern verschiedene Subjekte kennen gelernt, die ich für einzig in ihrer Art halte, und um derentwillen Mannheim mir immer interessant bleiben wird«.

12. Januar an Frau Rath[69]: »Der Tag meiner Erlösung aus diesem Babylonischen Abdera nähert sich. / Eine General Probe der Rosamund mit Decorationen welche künftigen Mittwoch [14. Januar] gegeben werden soll, hält mich noch auf, sonst wär ich schon heut abgereisst. . . . Wieviel werden wir [Wieland und sein Begleiter Kranz, der die Tänze zu den Ballets gesetzt hatte[70]] Ihnen lustiges von diesem holden Mannheim zu erzählen haben!«

Die Aufführung, von der hier Wieland schreibt, sollte nach einer Anordnung, die der Kurfürst noch vor seiner Abreise nach München getroffen hatte, vor dem Verfasser allein bei verschlossenen Thüren stattfinden. Es kam jedoch wie es scheint durch die Kabale der Sänger nicht dazu. Vor der Abreise hatte Wieland noch eine Audienz

bei der Kurfürstin, die zuvor aus dem besagten Grunde
erstaunlich ungehalten über die Wahl des Themas gewesen war und es übel genommen hatte, dass Wieland
die Aufwartung bei ihr am Anfang seines Aufenthaltes
in ihrer Residenz unterlassen hatte. Sie war höfisch
freundlich und liess den Dichter zum Handkuss zu[91].
Dieser Abschied konnte gewiss seinen Aerger über die
misslungene Reise nicht ganz verjagen. Auf der Rück-
reise sprach er in Darmstadt vor, wobei er »sehr missver-
gnügt und übel aufgereimt« erschien, wie Heinse von
einem Frankfurter Freund hört; wahrscheinlich sei er mit
Mannheim nicht zufrieden gewesen. Heinse freut sich
darauf, wenn Wieland nun wegen der zur unglücklichen
Stunde begonnenen und fatal abgelaufenen Reise mit
Lessing in éin Horn bläst[92].

In dem Briefe, den Wieland zwei Tage nach seiner
Rückkehr nach Weimar, am 26. Januar 1778 an Merck
schreibt, findet sich folgende für unsern Roman sehr
wichtige Stelle: »Die Geschichte von Mannheim dämmert
sich allmählich in meinem Kopf so zu einem feinen
Mährchen zusammen[93]«. Wer muss da nicht der Geschichte
von Abdera gedenken, mit welcher Stadt der misstimmige
Dichter wiederholt die rheinische Hauptstadt verglichen
hatte?

Die Erinnerung an den Aufenthalt daselbst blieb ge-
trübt. Ein Misston klingt sogar auch in dem Briefe an
den Buchhändler Schwan durch, einen der rührigsten
Litteraturfreunde des damaligen Mannheim[94], in dessen
Haus Wieland viel verkehrt hatte[95]. Es heisst da: »Empfangen Sie, nebst Ihrer liebenswürdigen Gattin, meinen
besten Danck für alle Freundschaft und Liebe, so Sie mir
während meines Auffenthalts in dem Pfälzischen Athen
erwiesen haben. Ihr Haus war eines von den wenigen,
wo ich frey athmete, und die angenehmen Abendstunden
die ich da, unter freundschaftlichem zwanglosen Geschwätze

mit Ihnen und den Ihrigen und unsern Freund Müller zu- |
gebracht werden mir immer unvergesslich bleiben**.

Für die verlorenen Kosten wenigstens, deren Aufwand
ihn vor der Reise so schwer belastete, sollte Wieland
entschädigt werden. Mit einem gewissen Behagen meldet
er am 6. März dem Freunde in Darmstadt, er habe eine
gar schöne Tabaksdose von Mannheim bekommen, 40
Karolin an Werth nebst 100 fl. und 24 Karolin Reisekosten.
Er meint, damit könne er zufrieden sein, und man könne
der Munificenz des Kurfürsten alle Justiz angedeihen
lassen. Auch mit Savioli, dem Direktor der Oper, sei er |
wol zufrieden; »il se conduit en galant-homme«*. Dieser
scheint bezüglich der künftigen Aufführung der 'Rosamunde' Erfreuliches mitgetheilt zu haben. Durch seine
Vermittlung lässt der Beschenkte dem Kurfürsten einen
Danksagebrief zugehen. Wenn man aber glauben würde,
diese kostbare Sendung hätte dem Andenken an Mannheim bei dem Dichter allen Stachel benommen, so würde
man doch dessen haushälterischen Sinn überschätzen. Im
Gegentheil mochte er sich nun erst recht frei fühlen, da
er vom Hofe nichts mehr zu erwarten hatte, und durfte |
seiner witzigen Laune, die trotz aller Bonhommie satirisch
genug sich äussern konnte, rücksichtslos Spielraum lassen**.
Wie er über die Mannheimer fortwährend dachte, das
verräth recht deutlich ein Brief an Maler Müller, dessen|
Bekanntschaft er anfangs so hoch stellte, dass sie allein
schon ihn für die Reise hätte entschädigen können**.
Da der Brief ungedruckt, möge hier der ganze Wortlaut
folgen, wenn auch nur ein Theil desselben für unsere
Untersuchung in Betracht kommt[100].

»W[eimar] den 10. April 1778.
Mein Lieber

Ich dancke euch herzlich für die freundliche, gute,
brave Besorgung des Auftrags den ich euch wegen des
Bildnisses des Card. Ximenes gethan habe. Ich bin mit

Hrn. Verelzt sehr zufrieden; er hat sich selbst und dem Merkur Ehre mit dieser Arbeit gemacht, und Ihr könnt ihm in Meinem Nahmen ein so schönes Compliment machen, als ihr wollt, ohne ein dementi von mir besorgen zu dürfen. Die Bezahlung hab ich beyliegend an Freund Schwan assignirt, der ohnezweifel für den Merkur 1778. bereits 40 fl. für mich in Händen hat. Wo nicht, so meldet mirs — dass ich mich darnach richten kann[101].

Aber, Mein bester Müller, was für eine Mücke hatte euch gestochen, da ihr euch hinseztet um mir, mir, den ihr doch nun endlich einmal kennen solltet, in einem so dogmatischen Ton, so recht schulmeisterisch, und als ob ihr den unreiffesten jungen Pennal vor euch stehen hättet, eine so derbe Strafpredigt über das Leben des Bischoffs Palafox im Merkur, das ihr m e i n e n Palafox nennt, zu halten?

Doch, ich verzeyhe dir, guter redlicher Junge! was du geschrieben hast, hat dir warme Liebe zu mir eingegeben. Die Abderiten, diese unselige Mitteldinge von Schatten und Traum, von denen du auf allen Seiten, zu deinem Unglük umgeben bist, hatten dir Angst für mich gemacht; deine Imagination, die so leicht feuer fängt, brannte gleich lichterloh, und nun gieng das ganze Feuerwerk auf einmal loss. Aber sey ruhig, lieber, die Gefahr ist nicht halb so gross. Ich bin zwar keineswegs der Verfasser dieser Lebensbeschreibung des Palafox, und nicht eine einzige Zeile davon ist aus meinem Kopfe gegangen; allein da ich sie, wissentl. und bey gutem Gebrauch aller meiner 5 Sinnen habe in dem Merkur drucken lassen, so bin ich auch bereit, der ganzen Welt darüber Red und Antwort zu geben, wenn's Noth ist. Freylich hätt' ich selber gleich anfangs lieber gesehen, wenn der Verfasser den witzelnden ironischen Ton, auf der   Seite, (der aber NB. nicht den Palafox, sondern bloss die abergläubischen Seelen, treffen soll die gleich jedes Symptom einer fieberhaften Imagination bey einem frommen Mann für reelle Wunder nehmen) nicht angenommen, sondern durchaus gleich ernsthaft und unpartheiisch geblieben wäre. Allein dieser Verfasser ist kein Knabe, sondern ein Gelehrter Mann; und so lange er nichts gegen Gott, den Staat und die 10 Gebote schreibt, und ich überhaupt seinen Aufsaz gut finde (wie er es denn auch ist) so hab' ich kein Recht, ihm etwas auszustreichen. Ausserdem fand ich auch überwiegende Gründe, diese Stelle stehen zu lassen. Denn so lange nur noch ein Schatten von der blutigerworbenen Freyheit und Parität der Protestanten in Teutschland übrig ist, so weiss ich mit der grössten Gewisheit, dass Niemand berechtigt ist einem Protestanten mitten in Teutschland den Ton, worinn der Verfass. des besagten Lebens über die Visionen des Sel. Palafox spricht, zum Verbrechen zu machen. Du, lieber M. bist ein guter herrlicher Mensch in deiner Sphäre, aber solche Dinge muss ich besser verstehen. Kurz, verlass dich drauf, dass ich auf alle mögliche Anfälle (wiewohl ich keine besorge) wohl gewafnet bin, und wenn es jemals wegen dieser Sache öffentlich zur Sprache kommen sollte, gewiss das lezte Wort mit Ehren behalten werde.

Was Ihr mir davon meldet, l. M. ist das erste, was ich davon höre. Ich kan nicht glauben, dass die Papimanie zu M[ainz] so weit gehe, dass man über diese Sache nach Rom sollte berichtet haben. Doch freylich der Mann, der sich einbilden konnte, der Herzog von Weimar sey ein appanagirter Prinz, kann auch leicht capabre seyn sich einzubilden, Weimar stehe noch unter seiner geistlichen Jurisdiction. Wenn er Lust hat sich lächerlich zu machen, so ist er mein patron. Und so viel von dieser Sache[101].

Wenn Ihr Gelegenheit habt, so erkundigt euch, ob Hompesch meinen vor 4 Wochen an ihn geschriebenen Brief erhalten hat, und ob mein Schreiben an euren Serenissimum vom Savioli[102], dem ichs zur weitern Spedition zugeschikt hatte, auch richtig über geben worden ist?

Eure Antwort wegen der Zeichnung werde ich sobald als mögl. an Serenissimum gelangen lassen und euer Interesse dabey bedenken, so gut ich kann. Nächstens ein mehrers, wenn ich Euch die Zeichnung zum 3. Quartal des Merkurs schicke. 1000 Grüsse an Schwan u. s. Frau. lebt wohl und geniesst dieses himmlischen Frühlings.

W.‹

Man sieht, der Vergleich zwischen den Mannheimern und Abderiten ist eine eingewurzelte Vorstellung Wielands. Indessen gedieh das Märchen von Mannheim-Abdera jetzt wol noch nicht. Am 12. April findet der Dichter das Wetter zu schön zum Arbeiten; aber er ist voll Trag-knospen und hofft zwischen Ostern und Pfingsten ganz passlich zu blühen; ob und was davon zu Früchten reif werden dürfte, werde sich zeigen[101]. Dann kam ein star-ker Schnupfen, der ihn zu aller Arbeit untüchtig machte; aber wenn er seinen Kopf wiedergefunden habe — er schreibt am 14. Mai — sollen die 'Abderiten', um deren Fortsetzung er schon lange tribuliert wird, wieder auf den Schauplatz treten[105]. Auf diesen Roman also richtet er zuerst den Blick, als er seine poetische Thätigkeit wieder aufnehmen will. Doch hatte es mit der Ausführung gute Weile bei dem anhaltenden Uebelbefinden, das erst zu Anfang Juni sich besserte[106]. Unbehaglichkeit, Hypo-chondrie, Unmuth über tausend kleine Schurkereien der lieben Zeitgenossen haben ihn gequält während dieser Zeit, schreibt er am 16. Juni noch an Merck[107]. Unter solchem leiblichen und seelischen Zustande des Heraus-gebers litt der 'Merkur', der schon seit Ende des Jahres 1777 in Noth ist, wie die Briefe an Merck, Jacobi, Sophie La Roche ausweisen; wenn Merck keine Beiträge sendet, fürchtet Wieland, die Monatsschrift werde im Juli gar nicht erscheinen können; so klagt er noch am 24. Juni seinem Freunde[108]. Da der 'Merkur' damals frühestens Mitte des Monats erschien, dessen Namen die Hefte tra-

gen[109], so konnte fleissige Anstrengung die Fortsetzung
noch ermöglichen. Grund genug für den Redacteur, seine
dichterische Leistungsfähigkeit in Kontribution zu setzen.
Der äussere Zwang kam den 'Abderiten' zu statten; im
Juni arbeitet er das sechzehnte Kapitel aus[110]. Das Juliheft
war gesichert; am 26. schickt es Wieland an die Frau Rath.
Sie fand darin die Fortsetzung der 'Abderiten', in dem
Vorworte dazu den Ausfall auf den Bürgermeister aus
Schwaben, den Wieland nun als Antipope d. i. J. G. Schlosser kennt; er will noch nicht gewusst haben, dass Tante
Fahlmer diesen heirathe[111], sonst hätte er ihr zu Lieb den
Schwamm über das Vergangene gewischt und fünf gerade
sein lassen[112]. Und als das Augustheft eine weitere Fortsetzung brachte, da erkannten die Mannheimer ihre Kopien.
Waren sie doch schon zuvor empfindlich gegen Wieland
gestimmt[113], weil er die Zweibrückische Klassikerausgabe
im 'Merkur'[114] mehr lobte als die Mannheimische, auf
welche sich der Herausgeber von Klein, eine wichtige Person in der Hauptstadt, viel zu Gute that; die 'Rheinischen
Beiträge'[115] enthalten eine Vertheidigung gegen Wielands
Ausfälle. Doch das war nur eine gelinde Reizung gegen
den Aerger, der die Pfälzer nun erfasste; Schwan schrieb
am 26. August an den Verfasser des Abderitenromans
einen Brief voll von Vorwürfen, weil er ihn, Heribert von Dalberg und den Maler Müller darin satirisiert habe. Um-
gehend nach Empfang dieses Schreibens, am 4. September verwahrt sich Wieland feierlich dagegen, dass mit
Hyperbolus oder Paraspasmus auf Müller, mit Thlaps auf
Schwan oder Dalberg gedeutet sei. Er schreibt an
Schwan: ›Sie, der mich so nahe kennen gelernt hat, Sie,
und sogar Mahler Müller, den ich so herzlich lieb gewon-
nen habe, ... und auch Dalberg, der liebenswürdige
Dalberg — Ihr alle — Ihr für deren Gesinnung gegen
mich, ich mein Blut verpfändet hätte, seyd fähig, mich
für einen so elenden Tropfen und Buben zu halten, wie ich

seyn müsste um Euch in die Abderiten zu setzen, euch darin zu verspotten, und dem Hohn der Narren vorsezlich Preiss zu geben? . . . . Lassen Sie Sich eine Wahrheit sagen, die auch am grossen Gerichtstage Wahrheit seyn wird: Seitdem ich lebe, habe ich nichts was ich jemals gethan habe oder die Absicht womit ich es gethan habe, desavouirt. . . . Mein eigen Herz und Gewissen [ist] Mein treuer Zeuge, und der allwissende Gott ist es auch, dass kein Gedanke an Müller, Dalberg oder Sie in meine Seele gekommen ist, da ich die Abderiten und vom Abderitischen Theaterwesen schrieb . . . . Weil vieles auf das dortige Abderitische Wesen passt so habt ihr euch (zumal meiner ehmals in Augenblicken von vorübergehendem Unwillen ausgestossenen Drohungen eingedenk) in den Kopf gesezt, ich habe eine Satyre auf das Mannheimer Theaterwesen machen wollen. Aber . . . . Meine Absicht war nie und ist auch diesmal nicht gewesen eine Personal und local Satyre zu schreiben . . . . sondern eine Carricatur-Geschichte wo ich zwar wohl einzelne Züge von Individuis nehme, wo aber, Meiner Absicht nach, das Ganze schlechterdings nichts als eine idealisirte Composition der Albernheiten und Narrheiten des ganzen Menschengeschlechts, besonders unsrer Nation und Zeit seyn soll. . . . Wäre mir aber eingefallen, hätte mir's, nach meiner simpeln und geradherzigen Art zu denken und zu seyn, nur in den Sinn kommen können, dass es möglich sey, dass euch einfallen könne zu glauben, der Hyperbolus z. ex. oder Paraspasmus sey auf Müllern oder der Thlaps auf Dalberg oder Euch selbst gemünzt: lieber hätt' ich das Mscpt. sogleich ins Feuer geworfen. . . . . Das allein, dass ihr mich so scheuslich verkennen, euch selbst so verkennen, und was ich geschrieben habe, so erbärmlich schief ansehen konntet, ist der einzige Abderitenstreich, den ich von euch weiss[116].

Wenige Tage später, am 11. September schreibt

Merck an den Weimarer Freund, mit den 'Abderiten'
setze es viel Lärms in seiner Gegend; die Leute be-
haupteten immer in seiner Gegenwart, was Wieland da
schreibe, sei ihm alles wörtlich und mündlich in Mannheim
passiert, und dächten nicht an das, was Komposition ist
und heischt[117]. Und an Merck richtet nun der Autor das
'Schreiben an einen Freund in D[armstadt]', welches im
Septemberheft des 'Merkur' der Fortsetzung des Romans
angehängt ist[118]. Nachdem man in weiteren als den zunächst betroffenen Kreisen von Mannheim-Abdera sprach,
musste Wieland eine öffentliche Erklärung abgeben. Am
16. September überschickt er diesen Bogen dem Freunde
noch vor dem Erscheinen des Merkurheftes und hofft,
dass die darin enthaltene rechtfertigende Abwehr von
ihm gut geheissen werde; er habe es aus Antrieb des
Herzens gethan und wolle sich lieber von·Eseln bepissen,
als die Schöngeistler in Mannheim den schurkischen
Triumph, den ihnen ein blosser dummer Zufall gegeben,
unverkümmert geniessen lassen[119]. Und die Mannheimer
schenkten seinen Versicherungen Glauben[120].

Ob wir uns eben so leicht beruhigen lassen? Sehen
wir uns doch die Abwehrschreiben genau an! Da sagt
Wieland, es passe vieles in seinem Roman auf das Mannheimer Abderitische Wesen, er habe auch einzelne Züge
von Personen entlehnt, aber er habe keine specielle
Satire geschrieben. Mit andern Worten, er leugnet im
allgemeinen nicht die Thatsache der Nachbildung, verwahrt sich nur gegen den Vorwurf böser Absicht. Aber
auch die Redlichkeit der Abschwörung ironischer Gedanken wird verdächtig, wenn wir daneben lasen, er habe
Drohungen ausgestossen, die offenbar auf eine Verspottung
Mannheims zielten. Und wie die Freunde über das Pfalz-
Athen dachten, sagt ein Brief Mercks vom 7. November
1778: man höre von Mannheim nichts als Dummheiten
über Dummheiten[121]. Ferner stellen sowol Wieland als

3

Merck nur in Abrede, dass alles auch ganz genau so in
Mannheim sich zugetragen; nicht aber dass dortige Zustände und Erlebnisse wie selbstverständlich nur den Kern
ausmachten, den die Dichtung mit einer ihr anstehenden
Schale umhüllte, so dass nun Wieland versichern konnte,
so oder ähnlich sei eine ganze Zahl von Theatern
bestellt gewesen, besonders das Weimarer 1772—4, eine
Bemerkung, welche den Verdacht nach einer falschen
Richtung ablenken sollte. Aber auch den Personen gegenüber nimmt der Dichter nur eine andere Maske vor. So
wenig achtungsvoll spricht er von der Abderitischen Um-
\gebung des Malers Müller — und im Mittelpunkt dieser
Umgebung standen Schwan und Dalberg vor allen, wes-
halb Merck dieselbe schlechthin mit Dalberge und Comp.
bezeichnet[133] —, so sehr gönnerhaft lässt er sich zu dem
guten redlichen Jungen, Maler Müller, der sich von andern Leuten zur Beurtheilung von Dingen hinreissen lasse,
von denen er nichts verstehe, herab, dass die satirische
Laune an diesen gar nicht vorbeigehen konnte. Hier
aber drängt ihn sein gutes Herz zu einer sophistischen
Ausflucht, denn erzürnen und kränken wollte er die Leute,
die doch seine Freunde waren und zu den besten in
Mannheim gehörten, wirklich nicht. Hat er doch die
Mannheimer nicht porträtiert, sondern nur als Modelle be-
nützt! Und auch die Vergesslichkeit, welche Wieland erlebte
Thatsachen in kurzer Frist für Erfindungen seiner Phan-
tasie halten liess[133], muss als Entschuldigungsgrund gelten, obwol es sich doch hier deutlich mehr um bewusste
als unbewusste Reminiscenz handelt. Lernen wir ja auch
aus einer andern Aeusserung Wielands Zweideutigkeit[134]
kennen: so zu sagen mit demselben Federzuge spendet
er Heinse das ehrendste Lob über seine fürtreffliche
Ariost-Uebersetzung und fügt dem Abdruck im 'Merkur'
die abschätzigen Worte bei: ›ohe jam satis est!‹ Diese
Mückenrache, diese Verletzung der Gastfreundschaft, die-

ser Versuch zu Meuchelmord, wie sich Heinse ausdrückt[125],
liegt ganz klar und eindeutig vor Augen; hier kann die
Vergesslichkeit so wenig wie unbewusste Reminiscenz
eine Rechtfertigung versuchen.

So viel im allgemeinen; die einzelnen Vergleichungs-
punkte können sich nun anreihen, nachdem die lange
Chronik der Entstehung dieses Theiles der 'Abderiten'
sich zu Ende neigt: im Oktober[126] und November 1778
nämlich wurde die Geschichte des Abderitischen Theater-
wesens mit der Schilderung der Folgen der Andromeda-
Aufführung, die nach dem früheren Plane allein den Inhalt
dieses Theiles bilden sollte, beschlossen.

Wie schon angedeutet, erzählt Wieland von einem
Nationaltheater in Abdera. Seit dem Jahre 1776 be-
schäftigte man sich in Mannheim mit dem Gedanken, daselbst ein solches zu errichten, und bemühte sich zu diesem Zwecke von da ab um Lessings Beihilfe. Obwol
nun thatsächlich das Nationaltheater erst mit dem Jahre
1779, genauer wol mit der Ernennung Dalbergs zum In-
tendanten am 1. September 1778 ins Leben trat, galt doch
das 1776 gegründete deutsche Hoftheater in Mannheim
schon als Nationaltheater, wie z. B. Nicolais Frage an
Lessing: ›Also ist nun die deutsche Nationalschaubühne
in Mannheim?‹ vom 24. April 1777[127] erweist. Wie
Wieland über ein solches Unternehmen dachte, erhellt
aus seinen Worten: er werde mit niemand Krieg an-
fangen, der über diejenigen lachen — oder weinen wolle,
die unter einer Nation, die keine gemeinsame Hauptstadt
habe, von Nationaltheatern reden oder das deutsche Theater
ihres Hofes, ihrer Stadt eigenmächtig zum Nationaltheater
erheben wollten[128].

Um die genauere Einrichtung des Mannheimer Theaters mit der des Abderitischen vergleichen zu können,
müssten reichlichere Quellen zur Verfügung stehen, als
sich über die Jahre 1776—1778, in denen die Marchand-

3*

sche Truppe das kurfürstliche Theater inne hatte, auf-
decken lassen. Wie mir von unterrichteter Seite aus Mannheim mitgetheilt wurde, finden sich über diese Zeit weder
Theaterakten noch Theaterzettel im Archive der Schaubühne vor, so dass wir an den sparsamen Andeutungen,
die wir da und dort zusammenlesen können, uns genügen
lassen müssen. Gleich die Beantwortung der Frage nach
dem Manne, welcher dem Theatervorstand und Nomo-
phylax Gryllus entspricht, wird dadurch erschwert. Der
schon genannte Minister Hompesch leitete im wesentlichen
die Verhandlungen mit Lessing[129], wie ja auch später die
über Wielands 'Rosamunde'. Auf ihn, sagt Lessing,
komme alles an[130]. Neben ihm spielt der gleichfalls erwähnte Christian Schwan die Hauptrolle; dieser reist selbst
zu Lessing nach Wolfenbüttel[131] und korrespondiert in der
Theaterangelegenheit[132]. Sicher ist Schwan derjenige,
der wie Gryllus um die Errichtung des Nationaltheaters
das meiste Verdienst hat, wie aus der Autobiographie
dieses bedeutenden Mannes gewiss hervorgehen würde,
wenn die Erben des Götzischen Nachlasses in Mannheim
sich zu deren Herausgabe entschliessen könnten. Keiner
von diesen beiden aber, weder Hompesch noch Schwan,
ist wie Gryllus in Abdera zugleich Komponist. Müssen
wir nun gleich für den ganzen Roman aufs entschiedenste
behaupten, dass uns nirgends Kopien, wol aber solche dichterische Figuren entgegentreten, die da und dort einen Zug aus
dem Leben sich entlehnten, so wird man sich doch hier
am besten aller persönlichen Deutung enthalten. Auch
ob die Theatralkommission in Mannheim, von der Lessing[133]
spricht, wie in Abdera ein Rathsausschuss war, kann ich
nicht versichern.

Wenn Wieland von einem Mangel an einheimischen
Stücken für die Schaubühne zu Abdera berichtet, dem
bald durch eine Ueberproduktion abgeholfen worden sei,
so entspricht das ungefähr den Mannheimer Verhältnissen.

Die französische leichte Oper beherrschte Marchands Re-
pertoire[134]; mit des Ritters Anton von Klein 'Günther von
Schwarzburg', welche Oper zuerst am 5. Januar 1777 zu
Mannheim aufgeführt worden ist, wurde dem deutschen
Wesen auf der Bühne die Bahn gebrochen[135]. Der Kurfürst verwendete sich sehr für das deutsche Theater[136],
und es fehlte so wenig wie in Abdera an Aufmunterung
aller Art, wenn auch das Gerücht von ausgesetzten Thea-
terpreisen sich als unwahr erwies[137]. Eigentliche Theaterdichter gab es allerdings damals in Mannheim noch wenige;
Schwan hatte mit Uebersetzungen und eigenen Schöpfungen
auch hier sich hervorgethan, und auf seine komischen
'Opern für die kurpfälzisch deutsche Schaubühne' könnte
am ehesten das Wort von der Tragödien- und Komödien-
fabrik in Abdera sich beziehen. Neben Schwan kommt
noch Klein in Betracht, der als Professor der schönen
Wissenschaften die Söhne der angesehensten Familien,
selbst Prinzen zur Ausbildung des Kunstgefühls an sich
zog; mehrere seiner Zuhörer verfassten unter seiner An-
leitung eine Reihe geistvoller Aufsätze, welche unter
dem Titel 'Kleins Sammlung zur Aufmunterung des guten
Geschmackes in der Pfalz' herausgegeben wurden[138]. Dabei könnte man der jungen Abderiten sich erinnern, welche
alle als Dichter und Schriftsteller auftreten wollten. Der
bedeutendste Dichter des damaligen Mannheim, der Maler
Müller, brachte keines seiner Stücke auf die Bühne. Von
den Schriftstellern, welche Dalberg im Prolog zu seinem
'Mönch von Carmel' 1787 als Theaterdichter der Pfalz
nennt: Gemmingen, Maier, Schiller, Iffland, Beil, Gotter,
Törring treten nur die beiden ersten schon 1777 auf[139]; die
beiden letzten kommen erst 1778 mit Mannheim in Be-
rührung, und die dichterische Thätigkeit der übrigen hebt
wie die Dalbergs selbst erst mit oder nach diesem Jahre
an. Eines jedoch ist bestimmt: in der Mitte der siebziger
Jahre des vorigen Jahrhunderts entwickelte sich fast plötz-

lich ein reger litterarischer Sinn in Mannheim, was man
deutlich aus Kleins Rede 'Vom Ursprunge der Aufklärung
der Pfalz in der Vaterlandssprache, und von derselben
Verbreitung durch die kurpfälzisch deutsche Gesellschaft'[110] ersieht, wenn man auch nüchterner als der Verfasser die Zustände beurtheilt. Und darauf zielt im allgemeinen der litterarische Eifer in Abdera, zumal da wie
dort nur Mittelmässiges geschaffen wurde. Auch darin
sind die Abderiten ein Abbild der Mannheimer, dass sie
die Lokalprodukte ausserordentlich überschätzen; über
den lokalen Charakter der pfälzischen Bühne spottet auch
Lessing[111].

Wer von den genannten Dichtern der Pfalz unter
dem Hegesias mit dem ehrenden Beinamen Hyperbolus
verstanden werden soll, ist unklar. Der Rhetor Hegesias
gilt in der griechischen Litteratur als Gründer des genus
asiaticum, welches durch kleinlichen, zerstückelten Satz-
bau den Geschmack zerrüttete und seine Stärke in Wort-
fülle, bildlichem Witz und sinnlicher Lebhaftigkeit suchte[112].
Diese Charakteristik passt zum Theil auf die Erzeugnisse
der Genieperiode. Und diese offenbar verhöhnt Wieland
seiner Ueberzeugung gemäss in den Werken des Hyperbolus. Idiotismen, Abweichungen von den schönern For-
men, Proportionen und Lineamenten der Menschheit, Bom-
bast, Originalitätsprahlerei, Hinausgehen über die Natur
wirft er ihm vor und lässt ihn sich des Feuerstroms, der
wetterleuchtenden Gedanken, der Donnerschläge, des hin-
reissenden Wirbelwindes, kurz der Riesenstärke, des Adler-
flugs, des Löwengrimms, des Sturmes und Dranges seiner
Tragödien rühmen. Erich Schmidt hätte für seine Ver-
muthung[113], Hyperbolus sei Klinger, sich gerade auf die
beiden letzten Ausdrücke berufen können: der Löwen-
blutsäufer Klinger ist ja der Verfasser von 'Sturm und
Drang'. Ich halte jedoch die angegebenen Züge für ganz
allgemeine Kennzeichen der Sturm- und Drangdichtung

und kann keinerlei prägnante Merkmale für Klingers
Identität entdecken. Zudem ist Hyperbolus zwar haupt-
sächlich Tragödiendichter — er hat deren 120 verfasst —
hat sich aber auch in den übrigen Gattungen hervorgethan; besonders beschäftigt er sich mit einem grossen
National-Heldengedicht von 48 Gesängen.

Dass unter Paraspasmus und seiner Tragödie 'Niobe'
der Maler Friedrich Müller und seine gleichbetitelte Oper
verdeckt ist, habe ich in meiner Schrift über diesen
Dichter[111] hervorgehoben. Der oben mitgetheilte Brief
an Müller gibt den Beleg dafür, dass Böttigers Auf-
zeichnung aus Wielands Mund über den Dichter richtig
ist; denn auch hier behandelt ihn Wieland als »eine gute
Haut, bonne pâte d'homme«. Und auch das Urtheil, das
dieser in Böttigers Gegenwart über des Maler-Dichters
'Niobe' gefällt haben soll, wird als die wahre Ansicht
Wielands bestätigt, indem inzwischen eine gleichbedeutende,
nur drastischere Aeusserung des vertrauten Freundes Merck
veröffentlicht worden ist; dieser schreibt nämlich, nachdem er Müllers höchst grobes genialisches Benehmen bei
einer Frankfurter Auktion[113] gerügt hat, an den Weimarer
Dichter, der Mercks kritische Ansichten fast immer theilte,
am 7. November 1778: »Wenn ich doch die Niobe geschrieben hätte, ich möchte mich so wenig sehen lassen,
als wenn ich öffentlich den Onanismus proficirte. Gott
was gibts doch für deutsche Produkte![116]«

Bei dem andern Schüler des Hegesias, Antiphilus,
kann man am ehesten an Lenz denken. Die Beschreibung
eines Dramas dieses Abderitischen Dichters, worin Vatermord, Geschwisterehe, Ehe zwischen Mutter und Sohn,
körperliche Selbstverstümmelung, Mutter- und Schwester-
mord vorkommen, klingt zwar wie eine Steigerung der
Oedipustragödie, mahnt aber auch an Lenz' 'Cumbanischen
Prinzen': an dessen Verlockung zur Ehe mit seiner Adoptiv-
mutter, an dessen vermeintliche Schwesterehe, an den

Vatermord der Donna Diana in dem gleichen Drama, das
überhaupt reich mit Erstechen, Vergiften, Erdrosseln aus-
gestattet ist, an den 'Hofmeister', der sich kastriert. Und
ist auch der Geschichtsschreiber der Abderiten Lenz zu-
gethan, so meint er doch einmal, man könne nicht drucken
lassen, was jenem von Zeit zu Zeit Herrliches in seiner Art
entfalle [117], und urtheilt, Lenz habe viel Imagination und
keinen Verstand [118]; gerade dieselben Eigenschaften aber,
rasche Einbildung und langsamen Verstand, nennt er
auch als Abderitische Kennzeichen [119]. Hier wie bei allen
persönlichen Anspielungen würde man lieber an launige
Kritik als an boshafte Satire glauben, wenn wir darin
nicht Wielands Rache für die Verspottung seines 'Goldenen
Spiegels' im 'Neuen Menoza' erkennen müssten.

Endlich bei den Familiengemälden des Abderiten
Thlaps darf man an die Dichtungen Schwans [120] erinnern,
welche im Stile der drames bourgeois gehalten sind.
Derselbe begegnet nochmals unter der Maske des Onobulos,
der hurtig seine Schreibtafel herauszieht, um sich einen
unsinnigen Gedanken aus dem Gespräch zu notieren; das
klingt wie eine Anspielung auf die 'Schreibtafel', die
Schwan herausgab, und die zumeist Unbedeutendes enthielt.
Führt doch auch der Onobulos den Euripides-Lessing
(s. u.) herum, was gewiss dem Verkehre zwischen dem
Dramaturgen und Schwan entspricht, da dieser früher die
persönliche Unterhandlung mit Lessing in Wolfenbüttel
gepflogen hatte. Wenn wir so zwischen zwei pfälzischen
Dichtern als dritten Lenz in Abdera wiedergefunden haben,
so dürfen wir wol die mehr als fruchtbare Thätigkeit
der Abderitischen Dichter nicht mit der geringeren der
Pfälzer allein vergleichen, sondern müssen das ganze
allerdings überreiche litterarische Treiben in der Rhein-
Maingegend daneben ins Auge fassen.

Die Schauspieler, welche die geschilderten Stücke auf
der Bühne von Abdera darstellten, schrieen und fuhren wie

Besessene herum. Auch an der Mannheimer Truppe rügt Iffland, sie hätte keine Liebe zur Wahrheit im Spiel gehabt[151]. Wie sich die Darstellungsweise Ifflands und seiner Genossen durch die Naturwahrheit von der vorher in Mannheim üblichen abhob, ebenso unterschieden sich die Schauspieler, welche Euripides mit sich nach Abdera brachte, von den Abderitischen. Dass unter Euripides Lessing zu verstehen ist, dass das ganze Verhältniss, in dem Lessing zu dem pfälzischen Hofe stand, in dem Auftreten des Euripides in Abdera abgespiegelt sei, habe ich in einer Beilage zu meinem 'Maler Müller'[152] dargethan. Nun ist zwar Lessing thatsächlich nicht in Begleitung einer Schauspielertruppe in Mannheim erschienen, aber ihm war doch der Auftrag geworden, für das dortige Hoftheater Schauspieler zu engagieren; die Verhandlungen, die er deshalb mit Seyler und Grossmann angeknüpft hatte, wurden freilich plötzlich zu seinem Verdrusse durch das Engagement der Marchandschen Truppe gekreuzt[153]. Wenn Wieland dem zweiten Liebhaber auf der Abderitischen Bühne nachsagt, er solle besser tanzen als er krächzte, so beruht auch das vielleicht auf einer Thatsache; man versuchte nämlich in Mannheim die Balletschule in eine Theaterschule umzubilden[154]. Schuljungen bilden die Chöre auf dem Theater zu Abdera: Lessing hebt hervor, man habe in Mannheim Kinder genug, die man zum Theater bestimme[155]. Die Sängerin Eukolpis in Abdera hat nach Wielands Dichtung zwar eine gute, klingende, biegsame Stimme, aber einen fehlerhaften Vortrag; sie gefällt sich besonders in Nachtigallenläufen; und die Nachtigallenkehle der Mannheimer Sängerin Danzy rühmt eine pfälzische Zeitung[156].

Die Zuschauer in Abdera setzten sich freilich über die mangelhaften Leistungen ihrer Schauspieler und Sänger hinaus. Man nahm alle Stücke für gut und klatschte ohne Ende selbst bei elendem Spiele. Die gleiche Urtheilslosigkeit der Mannheimer belegt ein Brief von da[157] allerdings erst für das Jahr 1780. Die Worte, mit denen sich die Mannheimer über die Aufführungen zu äussern pflegten nach dem Zeugnisse des Marquis St. A ....[158], ähneln auffallend den Ausdrücken, welche Wieland seinen Abderiten in gleicher Sache in den Mund legt[159]. Die Abderiten richteten ein Hauptaugenmerk auf die·Gesten und Kleidungen, auf die schöne Figur der Darsteller, gerade wie die Mannheimer[160]. Sie zeichneten sich überhaupt nicht durch einen gediegenen Geschmack aus, den aber auch den Mannheimern selbst der lokalpatriotische Verfasser des 'Tagebuchs der deutschen Schaubühne', Klein, nicht zugestehen kann[161]. Die Abderiten zahlten kein Eintrittsgeld, was Wieland wol aus der Geschichte des Theaters zu Athen entnahm; immerhin muss man dabei erwähnen, dass an drei Abenden wöchentlich auch die Mannheimer unentgeltlichen Zutritt hatten[162].

Den mittelmässigen Leistungen der Schauspieler entgegen kann Wieland das Orchester zu Abdera überaus loben, und er verräth selbst, dass er dabei an das weitberühmte Orchester der Mannheimer[163] dachte, durch die Anmerkung: ein Vorsteher, wie Cannabich, hätte aus den Musikern etwas machen können[164]. Cannabich aber, den Schubart aufs höchste rühmt[165], war erster Violinspieler und Koncertmeister zu Mannheim. Diesen allzu deutlichen Hinweis hat Wieland bei der Ausgabe seines Romans in Buchform getilgt.

Greifen wir noch zu einigen Notizen über das Aeussere der Stadt: Wieland spricht von der grossen Pracht des Theaters zu Abdera; Lessing lobt das schöne neue Theater zu Mannheim[166]. Eine ziemlich weitläufige Stadt wie Abdera konnte man auch Mannheim nennen. Beide Städte besassen grosse Bibliotheken[167], thaten sich auf ihre Münzkabinete etwas zu gute[168]. Die Gallerie, wo alle Archonten von Abdera in Lebensgrösse gemalt standen,

finden wir in der Reihe aller Bildnisse des kurfürstlichen
Hauses in Lebensgrösse zu Mannheim wieder[169]. In Abdera ist ein Brunnen mit wenig Wasser (ein anderer als
der eingangs des Romans erwähnte Nürnberger) aufgestellt,
wie sich ein solcher auch zu Mannheim befand[170]. Von dem
thracischen Athen, wie Abdera sich gerne nennen hörte,
rühmt sein Geschichtsschreiber die Liebe zur Pracht und
zu den schönen Künsten, was in der damaligen Zeit von
Mannheim, das Wieland das pfälzische Athen nennt in
dem mitgetheilten Briefe an Schwan, füglich gesagt werden konnte[171].

Endlich begegnen uns noch einige bekannte Personen. Der König Archelaus von Macedonien, zu dem
Euripides-Lessing reist, ist ohne Zweifel der Kurfürst Karl
Theodor von der Pfalz; dem Fürsten konnte Wieland in
der Republik Abdera keinen Platz anweisen. Der galante
Archelaus hat diese Eigenschaft von seinem Vorbilde ge-
erbt: Karl Theodor war galant gegen Frauen, leutselig
gegen alle. Beide sind Liebhaber der schönen Künste
und schönen Geister[172]. Beide verwenden viel auf Bauten,
Malerei, Bildhauerei[173], rufen Künstler, Schöngeister und
Virtuosen an ihren Hof[174]. Beide interessieren sich aus
Langweile und weil es fürstliche Modesache ist, für das
Hofschauspiel.

Dann Salabanda, die kluge Frau eines unbedeutenden
Mannes, die Einfluss auf den Archon hat, in ihrem Hause
alle Händel schlichtet und alle Wahlen macht: Ofterdinger[175]
hat in ihr mit Recht die Frau Rath Cateau von Hillern geb.
Gutermann in Biberach erkannt. Diese war es, die durch
ihren Mann, den präsumtiven Erben der Bürgermeister-
würde, den alten Bürgermeister lenkte; ihr Mann war freilich
nur durch sie bedeutend; sie hatte Einfluss auf den Rath, weil
immer welche Liebhaber bei ihr, wie Wieland von Salabanda sagt, auf Hoffnung dienten. Zu denen dürfen wir
auch unserm Dichter selbst rechnen, der ja durch die Be-

geisterung für sie die Liebe der Julie Bondeli verlor und
sich nach ihres Gatten Tod um ihre Hand bewerben wollte.
Ofterdinger[176] hat unter diesen Umständen ganz richtig
auf den Rathschreiber zu Abdera, welcher der Salabanda
besonderer Freund und Diener ist, als auf den Rathschreiber Wieland zu Biberach hingewiesen. So begegnet
uns mitten in Abdera-Mannheim ein Stück Biberacher
Lebens, so begegnet uns der Dichter selbst, der überdies
seine Oper 'Alceste' in Abdera aufführen lässt.

All diese Vergleichungen geben in ihrer Fülle, die
nicht für Vollständigkeit gelten will, den sicheren Beweis,
dass persönliche Erlebnisse und Erfahrungen den Hinter-
grund des Romans bilden, dass für diesen zweiten Theil
überwiegend Mannheim den Stoff dazu geboten hat. Diese
Stadt erschien Wieland wol als eine von den Gegenden, in
denen der Abderitismus mehr florierte als anderswo[177]. Gerade dass der Verfasser vor die Abschnitte, in denen das Nationaltheater besprochen wird, bei der späteren Sonderaus-
gabe der 'Abderiten' eine Verwahrung setzt, die für den
Druck im 'Merkur' durch den offenen Brief an den Freund in
Darmstadt unnöthig war, beweist, wie sehr er derlei Deutungen fürchtete. Wir lassen uns aber nicht irre machen,
auch nicht, obwol er sagt, Aehnlichkeiten und Anspielungen zu suchen und zu finden, sei eine auch dem
schwächsten Kopfe sehr leichte, für kleine bösartige Schön-
geisterlein sehr angenehme, in den Augen ehrlicher Leute
aber sehr verächtliche Beschäftigung[178].

Im November 1778 war der Schluss des zweiten
Theiles der 'Abderiten' erschienen. Den Rest des Jahres
verwendete Wieland auf die Ausarbeitung des dritten
Theiles, welcher nach dem Plane die 'Onoskiamachie'
enthalten musste. Eigenthümlicher Weise erschien diese
jedoch nicht als Fortsetzung des Romans sondern als
'Ein Anhang zur Geschichte der Abderiten' im Januarhefte 1779 des 'Teutschen Merkur', woran sich allmonat-

lich bis Juni die Fortsetzungen reihen. Der Dichter selbst
hat viel Freude an dem 'Process um des Esels Schatten',
wie die zweite Hälfte des Doppeltitels lautet, und hofft,
dass auch Merck immer mehr zufrieden damit sein werde;
denn er sei wirklich ein feines_Opus[179]. Wie früher arbeitet Wieland auch jetzt während der Drucklegung fort;
Ende März berichtet er an Merck: »Ich schreibe seit
etlichen Tagen wieder tapfer an der Onoskiamachie, die
sich unvermerkt in eine Geranobatrachomachie verlieren|
[9. Kapitel] und mit dem Untergang der ganzen Republik
lächerlich beschliessen wird«. Er schreibt dies für das
Maiheft seiner Zeitschrift voraus, um die schöne Jahres-
zeit dann rein geniessen zu können[180]. Doch der Schluss
des ganzen Romans, der damit in nahe Aussicht gestellt
wird, liess auf sich warten. Die Dichtung des 'Oberon',
auf welche Wieland seit November 1778 schon die besten
Stunden verwendet[181], kam dazwischen und nimmt bis zum
13. März 1780, an welchem Tage dieses Gedicht Merck
übersandt wird, die ganze Arbeitskraft des Dichters in An-
spruch[182]. Dann folgen sechs Wochen mit dem üblichen
Frühjahrsschnupfen, der alle Geistesthätigkeit unmöglich
macht[183], so dass erst im August und September_1780
'Das lezte Kapitel der Abderiten' im 'Merkur' erscheint.
Als Leisewitz am 8. August Wieland in Weimar aufsuchte,
arbeitete dieser seit einigen Tagen fleissig an den 'Abderiten'; denn jedes Ding müsse doch sein_Ende haben[184].

Gruber[185] und Ofterdinger[186], besonders ausführlich
der letztere, haben erörtert, dass der Brechtersche Process in Biberach den Kernpunkt der 'Onoskiamachie'
bilde, so dass ich mich mit diesem Hinweis begnügen
kann. Die Parallele ist klar und sicher bis ins einzelne;
in dem Archon erkennt man den Bürgermeister von Hillern,
in Agathyrsas den Abendprediger Zell. Nur éin Moment
scheint mir aus einer andern Streitigkeit in der schwäbi-
schen freien Reichsstadt entlehnt zu sein: der Graf Stadion

wusste bei seinem Processe gegen Wieland seine Gegen-
partei durch ein opulentes Mahl für sich zu gewinnen[187],
welchen Kunstgriff ihm der Priester des Iasontempels
Agathyrsas abgelauscht hat[188]. Nach dieser unzweifelhaft
richtigen Deutung des ganzen Abschnittes auf Biberacher
Vorgänge scheinen die Weimarer Beamten sich ohne
Grund in der 'Onoskiamachie' getroffen gefühlt zu haben[189].

Das Schlusskapitel des ganzen Romans, das an poeti-
schem Werth den vorhergehenden entschieden nachsteht
und dadurch zeigt, dass es eben nur geschrieben wurde,
um endlich die durch mehr als sechs Jahre hindurch-
ziehende Dichtung abzuschliessen, enthält keine erkennbaren Anspielungen, so dass man hier zum ersten Male
dem Verfasser Glauben schenken möchte, es handle sich
nur um eine arglose Erzählung[190].

Auf die letzten Zeilen desselben folgt eine 'Nachschrift
des Herausgebers an die sämmtlichen S. T. Herren Nach-
drucker im H. R. Reich, in specie an die zu Carlsruhe
und Tübingen', worin er vor dem Nachdruck warnt, weil
er binnen sechs bis acht Monaten eine verbesserte, vermehrte und mit einem Schlüssel versehene Ausgabe selbst
zu veröffentlichen gedenke. Wieland unterhandelt in dieser
Beziehung mit dem Buchhändler Reich in Leipzig im
Februar 1781[191]; die Umarbeitung kostete dem Dichter
viel Zeit; er scheint aber sein Versprechen, bis zum Juni
des gleichen Jahres das reine Manuskript abzuliefern[192],
gehalten zu haben; wenigstens trägt die 'Neu umgearbeitete und vermehrte Ausgabe' der 'Geschichte der
Abderiten', wie jetzt der Titel der zu Leipzig bei Weidmanns
Erben und Reich verlegten zwei Bände lautet, die Jahres-
zahl 1781. Wesentliches freilich hat die Revision nicht
geändert. Einige stilistische Verbesserungen, selten ein
stofflicher Wandel. Natürlich fielen die Vorworte, welche
das langsame Erscheinen im 'Merkur' entschuldigten, wie
z. B. auch August 1780, nun weg. Die bisherigen vier

Theile — den 'Process um des Esels Schatten' mit-
inbegriffen, der jetzt dem Romane einverleibt wird —
zerfallen in fünf Bücher, indem die im Jahre 1774 er-
schienene Partie in zwei Abschnitte getheilt ist. Die
Kapitel stimmen im Umfange nicht mehr durchgehends
mit denen der ersten Veröffentlichung zusammen und erhalten ausführliche Inhaltsübersichten vorgesetzt[113]. Zuweilen sind kleine Partien eingeschoben, wie z. B. die
erwähnte Warnung vor Deutung des Abderitischen Theater-
wesens; oder der Inhalt einer Anmerkung ist in den Text
aufgenommen. 'Der Schlüssel zur Abderitengeschichte']
enthält ein Stück des 1774 erschienenen, dann unter-
drückten zweiten Theiles. Derselbe Text ist in Nach-
drucke und in Wielands Werke übergegangen.

Als Wieland 1795 in Zürich war, ›hörte er täglich so
viel Abderitenstreiche und Sultanismen des Raths, dass
es ihm bei so manchem Blicke auf die Stadt . . . immer
nur wehe um's Herz wurde. . . . Einmal kam ein Rathsherr,
der bekannte Hirzel, ganz ängstlich zu ihm, und bat ihn,
behutsamer in seinen Reden zu sein, weil die Züricher
gar wunderliche Menschen wären und wol eher Einem
den Kopf vor die Füsse gelegt hätten. So sehr Wieland
darüber lachen musste, so sehr verdross es ihn doch
innerlich. Noch an eben dem Abend erklärte er in einer
grossen Gesellschaft: dass es doch wol möglich wäre,
dass er einen dritten Theil zu seinen Abderiten schriebe[114].
Zur Ausführung dieses Planes kam es nun zwar nicht.
Aber wenn man nach den vorgebrachten Untersuchungen
noch zweifeln könnte, dass es Wieland um mehr als ›eine
idealisirte Composition der Albernheiten und Narrheiten
des ganzen Menschengeschlechts, besonders unsrer Nation
und Zeit‹ zu thun war, so würden diese Worte Wielands
seine satirische Absicht unwidersprechlich bezeugen.

Freilich erscheint nun die Wahrheit der Worte in
Goethes Rede zum Andenken des Dichters, der geistreiche

Mann habe gern mit seinen Meinungen, niemals aber mit seinen Gesinnungen gespielt, fraglich. Treffender nehmen wir auf eine andere Stelle in derselben Rede Bezug: ›Mensch und Schriftsteller hatten sich in ihm ganz durchdrungen: er dichtete als ein Lebender und lebte dichtend. In Versen und Prosa verhehlte er niemals, was ihm augenblicklich zu Sinne, wie ihm jedesmal zu Muthe sei, und so schrieb er auch urtheilend und urtheilte schreibend.‹ —

›Es giebt Leute, die gar nicht darauf kommen, irgend ein Kunstwerk zu geniessen; ihr Vergnügen besteht bloss darin, es zu zerlegen[105]‹. Ich denke, gerade die genaue Durchforschung der Entstehung und des Gehalts von Wielands 'Abderiten' kann wesentlich zur Erhöhung des Genusses, den die unvergängliche Frische dieses Romans in reicherem Masse bietet als viele der übrigen Dichtungen Wielands, beitragen. Nach der Natur hat Wieland gezeichnet: das ist der Grund, warum die 'Geschichte der Abderiten' noch heute den Leser zu fesseln vermag.

ANMERKUNGEN.

Die vorstehende Untersuchung habe ich in ihren Hauptzügen am 7. Mai 1878 in der philologisch-historischen Gesellschaft zu Würzburg vorgetragen und füge hier dem ausgearbeiteten Texte die nöthigen Belegstellen bei.

B. S.

[1]) Teutscher Merkur = T. M. VII 37 ff. 1778 III 246. Böttiger, Literarische Zustände und Zeitgenossen = L. Zst. u. Zg. I 156. — [2]) T. M. V 35. — [3]) Deutsches Museum 1776 I 148. — [4]) T. M. V 34. — [5]) T. M. 1778 III 246. — [6]) T. M. V 39. — [7]) Böttiger, Wieland. Raumers Histor. Taschenbuch 1839. 381. 384. — [8]) Gesammelte Abhandlungen und Beiträge 90. — [9]) T. M. 1778 III 242 f. — [10]) Gesang 4 Str. 22. — [11]) Wielands Briefe an Sophie von La Roche 208. — [12]) ThL 2 Buch 10. — [13]) Böttiger L. Zst. u. Zg. I 180. — [14]) Jetzt Kap. 8 des 2. Thls. — [15]) Auswahl denkwürdiger Briefe von C. M. Wieland II 3. 5. 46. 48.— [16]) T. M. 1778 III 242. — [17]) L. Zst. u. Zg. I 157. — [18]) T. M. V 50. — [19]) Raumers H. Tb. 1839. 428. — [20]) T. M. V 44. — [21]) Deutsches Museum 1777 I 279. — [22]) T. M. 1778 III 244. — [23]) Böttiger L: Zst. u. Zg. I 180. — [24]) Osterdinger, Wielands Leben und Wirken 176. — [25]) T. M. V 109. 145. 173 f. — [26]) Album des lit. Vereins in Nürnberg 1860. 79. — [27]) Ausgewählte Briefe von Wieland II 136 f. — [28]) T. M. V 60. — [29]) Ausgew. Br. II 165. 252 f. — [30]) T. M. V 60. 207. — [31]) T. M. V 145. — [32]) Osterdinger a. a. O. 218. — [33]) Osterdinger a. a. O. 226. — [34]) T. M. V 88. — [35]) T. M. V 60. — [36]) K. F. Hermann, Abhdlgn. u. Beitr. 100. — [37]) Osterdinger a. a. O. 210. — [38]) T. M. V 52. — [39]) T. M. V 95. Osterdinger a. a. O. 190. — [40]) T. M. V 96 ff. — [41]) T. M. VI 164. — [42]) T. M. VI 165. — [43]) Der Ueberlieferung nach ist ein Grieche, der von Athen nach Megara oder Delphi reist, der Mittelpunkt dieses Processes um des Esels Schatten. Vgl. Corpus paroemiographorum graecorum. — [44]) T. M. VII 45. — [45]) Buchner, Wieland und die Weidmannsche Buchhandlung 71. — [46]) T. M. 1778 III 27. — [47]) I 147. — [48]) Vgl. Weinhold, Boie 156 f. 267. 270 ff. — [49]) S. die Politischen Fragmente, die Abhandlung Ueber das neue französische System der Policeyfreyheit insbesondere in der Aufhebung der Zünfte. — [50]) Wagner, Briefe an u. von Merck 1838. = Wagner 1838. 57. — [51]) T. M. 1778 III 28. — [52]) Unstreitig sind die Initialen so zu ergänzen, wenn das Gedicht auch in den Auserlesenen Werken Schmidts fehlt. — [53]) Wagner 1838. 76. — [54]) An Hompesch hatte F. H. Jacobi schon im Jahre 1771 wegen Wielands geschrieben; zu welchem Zwecke? (Jacobis Auserl. Briefw. I 29). — [55]) Zöppritz, Aus Jacobis Nachlass I 19. — [56]) Wagner, Briefe an Merck 1835. = Wagner

4

1835. 100. — [57]) 4. November 1777. — [58]) Wagner 1838. 89. — [59]) Wagner 1835. 105. — [60]) Moses Mendelssohn äussert ähnlich unbefriedigt, die Rosamunde verrathe den alternden Dichter (Bodemann, Zimmermann 289). — [61]) Jacobis Auserl. Briefw. I 262. 265 f. 267 f. 269 f. — [62]) Wagner 1838. 93. — [63]) Jacobis Auserl. Briefw. I 272 f. — [64]) Ebenda I 270 ff. — [65]) Wagner 1835. 102. — [66]) Wagner 1835. 118. — [67]) Ausgew. Br. von Wieland III 280. — [68]) Wagner 1838. 104. — [69]) Keil, Frau Rath 83. — [70]) Wielands Br. a. Sophie La Roche 184. 186 ff. — [71]) Jacobis Auserl. Briefw. I 278. — [72]) Wagner 1838. 113 f. — [73]) Wagner 1838. 116 f. — [74]) Wagner 1838. 118. — [75]) Keil 90. 94. — [76]) Wielands Br. a. Sophie La Roche 189. Der undatierte Brief muss zwischen 6. und 10. December geschrieben sein. — [77]) Ausgew. Br. von Wieland III 287. — [78]) Keil 131. — [79]) Keil 96 f. — [80]) Vgl. was F. H. Jacobi über seinen Aufenthalt zu Mannheim im Februar 1775 an Wieland schreibt: alles was ihn da schiere und petze, empfinde er um so mehr, als er zuvor mit Goethe zusammen gewesen sei; und es sei entsetzlich, just in einem solchen Augenblicke seine Menscheit zu verlieren und in die Organisation einer Seifenblase überzugehen. (Jacobis Auserl. Briefw. I 201). — [81]) Wielands Br. a. Sophie La Roche 191. — [82]) Ebenda 193. — [83]) Archiv f. Litt.-Gesch. IV 369. Jacobi hatte etwa 18. December geschrieben, dass er nicht kommen könne (Wielands Br. a. Sophie La Roche 191). Man berichtige darnach Düntzer, Freundesbilder aus Goethes Leben 164. — [84]) Böttiger L. Zst. u. Zg. I 229. — [85]) Wagner 1835. 121. — [86]) Ausw. denkw. Br. II 58. — [87]) In Rücksicht auf die im Briefe an die Frau Rath angedeutete Verschiebung der Aufführung der Oper thut Düntzer a. a. O. Unrecht, den 11. als irriges Datum zu bezeichnen. — [88]) Da der Brief vom 5. datiert ist, kann als Tag der Abreise nicht ebenfalls der 5. genannt werden. Der vorstehende Brief an Merck bestimmt den 16. längstens als Termin der Abreise, so dass hier gewiss der 15. zu lesen ist. — [89]) Keil 99. — [90]) Böttiger L. Zst. u. Zg. I 229. Keil 91. 97. 99 u. ö. — [91]) Böttiger L. Zst. u. Zg. I 230. — [92]) Archiv für Litt.-Gesch. IV 370 f. — [93]) Wagner 1838. 122. — [94]) Vgl. Deutsches Museum 1778 I 119 Anmerkg. — [95]) Götz, Geliebte Schatten. Brief von Margar. Schwan an Götz vom 8. Februar 1778 autographiert. — [96]) 21. Februar 1778. Götz, Geliebte Schatten autogr. — [97]) Wagner 1838. 124. — [98]) Somit ist der Hauptgrund Uhdes gegen meine Ansicht von der Aehnlichkeit zwischen Wielands Abdera und Mannheim, der Dichter hätte wegen der Aufführung seiner Rosamunde sich das Terrain in Mannheim nicht verderben dürfen (Nordd. allgm. Ztg. Feuilleton vom 2. Oktober 1877), nichtig. — [99]) Keil 100. — [100]) Herr Dr. R. M. Werner fand den Brief in der v. Radowitzschen Sammlung der kgl. Bibliothek zu Berlin und hatte die Güte, mir die Abschrift desselben zu überlassen. — [101]) E. Verelst in Mannheim hatte für das zweite Vierteljahr des 'Teutschen Merkur' 1778 das Bild des Franciscus Ximenes de Cisneros in Kupfer gestochen, das in der That alles Lob verdiente. Auch die Kupfer für die beiden nächsten Quartale 1778 sind von ihm radiert. Wieland wies seine Leser eigens darauf hin, dass er durch die Wahl dieses Künstlers dem Vorwurf, die Kupfer im 'Merkur' seien holzschnittmässig, für die Zukunft zuvor habe kommen wollen (T. M. 1778 II 192). Verelsts Kupferstiche sind die letzten der Zeitschrift; vom Jahre 1779 blieben die Bilder weg. — [102]) Es handelt sich um die Lebensbeschreibung des berühmten Johannes von Palafox, weiland Bischofs zu Angelopolis, die der 'Teutsche Merkur' 1778 I 121 u. 211 brachte. Der Aufsatz zeigt die Jesuiten in schlimmem Lichte und erregte in Mainz grosses Aufsehen; der Erzkanzler soll deswegen an den Papst berichtet haben. Verfasser war Jagemann (Wagner 1835. 124 f.). Der witzelnd ironische Ton tritt wol am stärksten I 130 hervor bei den Bemerkungen über die Jungfrau Maria. — [103]) Savioli war Direktor der Oper und (oder ein anderer gleichnamiger?) Intendant der kfstl. Gemäldegallerie. Goedeke nennt einen pfalzbayr. Hof- und Kommissionsrath Ludwig Alexander Graf von Savioli Corbelli als Verfasser von zwei Lustspielen. Auch dieser könnte mit dem unsrigen identisch sein. — [104]) Wagner 1838. 128. — [105]) Wagner 1838. 133. 138. — [106]) Wagner 1838. 145 f. — [107]) Wagner 1835. 128. — [108]) Wagner 1838. 155. — [109]) Der Druck des Maihefts 1778 z. B. wurde 22. April begonnen und sollte 14. Mai fertig sein (Wagner 1835. 125 f.). — [110]) T. M. 1778 III 254. — [111]) Die Verlobung der Fahlmer mit Schlosser ist im November 1777 schon Goethe bekannt. Sollte sie Wieland acht Monate verborgen geblieben sein, obwol er während derselben in Frankfurt gewesen ist? — [112]) Keil 111. — [113]) Auch der Kurfürst, meint Heinse, würde nach seiner Rückkehr von München Wieland ein sauer Gesicht machen, dass er dem Kaiser sein göttliches Recht in der sonderbaren und unbegreiflich wunderlichen Epistel an Dohm im 'Merkur' so herausgestrichen (Archiv f. Litt.-Gesch. IV 370). Der Aufsatz Ueber das göttliche Recht der Obrigkeit (T. M. 1777 IV 119) ist jedoch so allgemein gehalten, dass ich nichts Aergerliches für den Kurfürsten darin entdecken kann, zumal in der bayerischen Erbschaftsfrage 'das göttliche Recht der Stärke' des Kaisers durchaus nicht der Hauptgrund der Nachgibigkeit für den pfälzischen Fürsten war. — [114]) 1778 II 188. 292. — [115]) 1778 II 397. — [116]) Weimarisches Jahrbuch V 18 ff. — [117]) Im neuen Reich 1877 I 859. — [118]) T. M. 1778 III 241. — [119]) Wagner 1835. 145. — [120]) Böttiger L. Zst. u. Zg. I 157. — [121]) Im neuen Reich 1877 I 862. — [122]) Ebenda. — [123]) T. M. 1778 III 255 ff. Böttiger L. Zst. u. Zg. I 180. — [124]) Von Handlungen Wielands, die vor dem Publikum ein zweideutiges Ansehen haben, spricht auch Nicolai (Bodemann, Zimmermann 303). — [125]) Archiv f. Litt.-Gesch. IV 366 ff. — [126]) Vgl. Wagner 1835. 146 f. — [127]) Lessing ed. Lachmann XIII 582. — [128]) T. M. 1778 III 249 f. — [129]) Schöne, Briefwechsel zw. Lessing u. s. Frau 456. 480. 496. Lessing ed. Lachmann XII 483 f. — [130]) Lessing ed. Lachmann XII 478. Archiv f. Litt.-Gesch. VII 486. — [131]) Schöne a. a. O. 450. 455 ff. — [132]) Schöne a. a. O. 496 ff. 502. Lessing ed. Lachmann XII 484. — [133]) Schöne a. a. O. 498 f. — [134]) Devrient, Geschichte der deutschen Schauspielkunst II 304. — [135]) T. M. 1775 III 268. — [136]) Rudhart, Geschichte der Oper am Hof zu München I 174. — [137]) Lessing ed. Lachmann XII 488. — [138]) Litterärisches Leben des k. bair. Geh.-Raths und Ritters A. v. Klein. Wiesbaden 1818. 20. — [139]) Gemmingen mit 'Sidney und Silly'. Maier mit 'Sturm von Boxberg'. — [140]) Schriften der kfstl. deutschen Gesellschaft in Mannheim 1787 I 1. — [141]) Lessing ed. Lachmann XII 488. — [142]) Bernhardy, Grundriss der griech. Litteratur 1876 I 556. — [143]) Anzeiger f. d. Alterthum und d. Litteratur IV 215. — [144]) Maler Müller, Berlin 1877. 212 ff. — [145]) Wol bei der Auktion der Bögnerischen Gemäldesammlung. Vgl. T. M. 1778 II 266. — [146]) Im neuen Reich 1877 I 862. — [147]) Wagner 1835. 97. — [148]) Wagner 1835. 100. — [149]) T. M. 1778 III 243. — [150]) Wenn, wie der Briefwechsel zwischen Schwan und Wieland andeutet, unter Thlaps auch Dalberg verstanden werden konnte, so müsste dieser vor dem 1778 gedruckten und im April und Juni 1778 zuerst aufgeführten Drama Walwais und Adelaide Stücke gedichtet haben, wovon ich keine Spuren entdecken konnte. — [151]) Ifland, Meine theatralische Laufbahn, Dramat. Werke I 93. — [152]) 215.

— [153]) Lessing ed. Lachmann XII 478. 483. XIII 577 f. 587. Archiv f. Litt.-Gesch. VII 485. Koffka, Iffland und Dalberg 8. — [154]) Koffka a. a. O. 8. — [155]) Lessing ed. Lachmann XII 477. — [156]) Deutsches Museum 1777 I 263. — [157]) Deutsches Museum 1781 I 93. — [158]) Deutsches Museum 1777 I 267. Der Marquis St. A...., dessen 'Wanderungen durch Deutschland' hier mehrfach citiert wurden — sie wurden mit solcher Entrüstung in der Pfalz gelesen, dass sich mehrere Erwiderungen daran knüpften und Boie auf Veranlassung des Hofes einen Gegenbrief in sein Museum einrückte (Rhein. Beiträge 1777 I 27. 38. Deutsches Museum 1778 I 261. Weinhold, Boie 274) — ist ein unenthülltes Pseudonym. Sollten die Buchstaben auf von Stamford aus Bourges, den Freund Klamer Schmidts, hinweisen? — [159]) T. M. 1778 III 39 f. 137. — [160]) Deutsches Museum 1777 I 263. — [161]) Rheinische Beiträge zur Gelehrsamkeit 1778 II 228. — [162]) Rhein. Beiträge 1781 I 423. — [163]) Burney, Musikalische Reisen II 68. Körte, Briefe zw. Gleim, Heinse und Müller 249. Jahn, Mozart I 45. u. a. m. — [164]) T. M. 1778 III 130. — [165]) Gesammelte Schr. 1839 I 152 f. — [166]) Lessing ed. Lachmann XII 472. Vgl. Pfälzische Merkwürdigkeiten 49 ff. — [167]) Die Mannheimer Bibliothek enthielt 40000 Bände nach Burney, Musikal. Reisen II 67, nach der Angabe der Pfälzischen Merkwürdigkeiten 9 einige Jahre später 70000. — [168]) Deutsches Museum 1778 I 105. — [169]) Pfälzische Merkwürdigkeiten 3. — [170]) Deutsches Museum 1777 I 279. Rhein. Beiträge 1777 I 55. — [171]) Häusser, Geschichte der rheinischen Pfalz II 919. 956. — [172]) Häusser a. a. O. II 907 f. — [173]) Der Vorsteher der kfstl. Zeichnungsakademie zu Mannheim Ritter von Verschaffelt und der Direktor der Gemäldegallerie zu Düsseldorf Krahe sind in dieser Beziehung in der pfälzischen Residenz thätig. — [174]) So werden an den pfälzischen Hof Kobell, Schwan, Müller, Lessing, Wieland, Schubart u. a. m. gerufen. — [175]) Osterdinger a. a. O. 146. — [176]) Ebenda 242. — [177]) T. M. 1778 III 243. — [178]) T. M. 1778 III 251. — [179]) Wagner 1835. 163. — [180]) Wagner 1835. 157. — [181]) Quellen und Forschungen II 74. — [182]) Wagner 1835. 216. — [183]) Wagner 1835. 226. — [184]) Kutschera von Aichbergen, Leisewitz 43. — [185]) Wielands Leben 1827 I 381. — [186]) Osterdinger a. a. O. 179 — 185. — [187]) Raumers H. Tb. 1839. 422. — [188]) T. M. 1779 II 22. — [189]) Böttiger L. Zst. u. Zg. I 148. — [190]) T. M. 1780 III 184. Der Oberpriester Stilbon, der in diesem Kapitel eine Rolle spielt, hat nichts mit 'Stilpon oder über die Wahl eines Oberzunftmeisters von Megara' gemein. — [191]) Buchner, Wieland und die Weidmannsche Buchhandlung 69 ff. — [192]) Ebenda 76. — [193]) In einer der Ueberschriften, zum 7. Kapitel des 3. Buches I 351, findet sich der köstliche Druckfehler: Wie Euripides nach Amerika gekommen. — [194]) Böttiger L. Zst. u. Zg. I 194. — [195]) Tieck, Schriften XV 227.

Nachtrag. Der in der Beilage zur Allgemeinen Zeitung 31. Juli 1878 Nr. 212 veröffentlichte Brief Wielands an Schwan vom 7. September 1778, welcher sich hier S. 32 unten einreihen würde, sowie die in Text und Anmerkungen beigegebenen Erörterungen können an den Ergebnissen dieses Vortrags nichts ändern. Auch der dort gemachte Versuch, Briefdaten zu verbessern, ist, wie meine Ausführungen zeigen, nicht gelungen.

B. S.

Druck von W. Pormetter in Berlin C., Neue Grünstrasse 30.